철학자, 사랑을 사랑하다

사랑의 철학적 담론

철학자, 사랑을 사랑하다

사랑의 철학적 담론

초판 1쇄 인쇄 2017년 11월 1일
초판 1쇄 발행 2017년 11월 10일
_
지은이 서정욱
펴낸이 이방원
편 집 홍순용·김명희·이윤석·안효희·강윤경·윤원진
디자인 손경화·전계숙
마케팅 최성수
_
펴낸곳 세창출판사
신고번호 제300-1990-63호
주소 03735 서울시 서대문구 경기대로 88 냉천빌딩 4층
전화 02-723-8660 **팩스** 02-720-4579
이메일 edit@sechangpub.co.kr **홈페이지** http://www.sechangpub.co.kr
_
ISBN 978-89-8411-707-5 03100

이 도서의 국립중앙도서관 출판시도서목록(CIP)은 서지정보유통지원시스템 홈페이지(http://seoji.nl.go.kr)와
국가자료공동목록시스템(http://www.nl.go.kr/kolisnet)에서 이용하실 수 있습니다.(CIP제어번호: CIP2017027181)

사랑의 철학적 담론

철학자, 사랑을 사랑하다

서정욱 지음

세창출판사

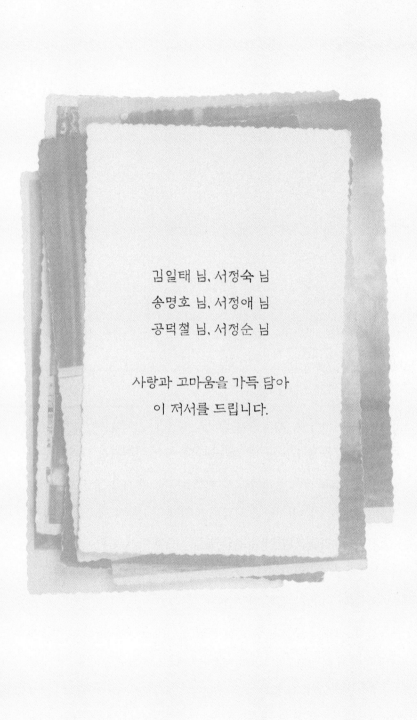

김일태 님, 서정숙 님
송명호 님, 서정애 님
공덕철 님, 서정순 님

사랑과 고마움을 가득 담아
이 저서를 드립니다.

아프면
사랑이 아니다

대학교 교양영어 시간에 읽은 단편소설이 있습니다. 저자도 분명하지 않고 내용도 정확하지 않습니다. 당시 기억을 더듬어 보면 이렇습니다.

옛날 어느 나라에 왕이 있었습니다. 왕에게는 시쳇말로 눈에 넣어도 아프지 않을 공주가 한 명 있었습니다. 모든 아버지가 그러하듯 이 왕도 가문 좋고 능력 있는 사위를 원했습니다. 하지만 사랑은 아무도 모릅니다. 왕은 딸이 서민과 사랑에 빠질까 걱정하여 새로운 법을 만들었습니다. 만약 서민이 자신의 딸을 사랑하다가 발각되면 사자와 싸우게 하겠다는 법입니다. 그러면서 왕은 살아남으면 다른 나라로 추방하겠다며 너그러움을 과시했습니다.

용감한, 그러나 무모한 한 젊은 서민 청년이 공주를 본 순간 첫눈에 반해 사랑에 빠졌고, 사자와의 싸움은 그다음 문제였습니다. 이 사랑은 왕의 귀에 들어갔고, 무모한 청년은 사자와 싸울 수밖에 없었습니다. 왕은 자신이 만든 법이 얼마나 무서운지 보여 주기 위해서 가능한 많은 사람을 경기장에 모이게 했습니다. 경기장에는 두 개의 문이 있고 그중 한곳에만 사자가 있습니다. 물론 사자가 어느 문에서 나오는지는 아무도 모르게 철저히 비밀에 부쳐졌습니다.

운명의 날, 청년은 경기장 한가운데에 서서 (어쩌면 마지막이 될지도 모르는) 자신이 사랑한 공주를 바라보았습니다. 사실 공주는 그 전날까지 사자가 어느 문에서 나오는지 알기 위해서 최선을 다했습니다. 그리고 그것을 알아냈습니다. 공주는 자신을 바라보는 청년에게 한쪽 문을 가리켰습니다. 청년도 공주가 가리킨 문을 향해 손짓을 했습니다. 공주가 가리킨 문이 서서히 열렸습니다.

소설은 여기서 끝납니다. 우리는 여기서 죽음을 담보로 한 젊은이의 순수하고 숭고한 사랑을 봅니다. 하지만 다른 관점에서 본다면 결론이 궁금합니다. 저자는 궁금증을 주기 위해서, 반전을 주기 위해서 결말을 내리지 않았습니다. 하지만 독자는 참을 수 없을 정도로 그것이 궁금합니다.

궁금증을 풀어야 할 사람은 우리입니다. 이제 여러분이 답하십시오. 과연 사자는 나왔을까요 아니면 나오지 않았을까요? 그렇습니다. 답이 다 다릅니다. 어떤 사람은 나왔다고 하고 또 어떤 사람은 아니라고 할 것입니다. 재미있는 것은 여기서 여자와 남자의 대답이 다르다는 것입니다. 이 질문을 받은 대부분의 여자는 사자가 나왔다고 합니다. 그러나 남자는 반대로 나오지 않았다고 합니다.

사랑은 여자나 남자 혼자 할 수 없고, 둘이 합니다. 그런데 해석은 이렇게 서로 다릅니다. 여기서 우리는 생각합니다. 혹 여자는 항상 새로운 사랑을 원하고 남자는 늘 옛사랑에 목말라하는 것은 아닌지 하고 말입니다. 새로운 사랑을 원하든 옛사랑을 바라든 먼저 사랑을 해야 하는 것이 조건입니다. 그럼 사랑은 무엇일까요?

참 많은 사람이 사랑에 대해 묻습니다. 다르게 생각해 봅시다. 묻는다는 것은 모르기 때문입니다. 안다면 물을 필요가 없습니다. 많은 사람이 사랑에 대해서 묻는다는 것은 곧 사랑이 무엇인지 아는 사람이 많지 않다는 것입니다. 그런데도 많은 사람이 아니 모든 사람이 사랑을 말하고 사랑하고 사랑 때문에 고통스러워합니다. 그렇다면 사람들은 사랑이 도대체 무엇인지 모르면서 사랑을 한다는 것일까요?

그렇습니다. 대중가요나 영화에서 사랑이 무엇인지 정의하면 그대로 따라 하는 것을 보면 그 이유를 알 수 있습니다. 몇 가지 예를 들어 보겠습니다. 1968년 가수 나훈아는 "사랑은 눈물의 씨앗"이라고 했습니다. 그리고 1970년 미국의 작가 에릭 시걸은 "사랑은 결코 미안하다고 말하지 않는다Love means never having to say you are sorry"는 유명한 말을 영화 「러브 스토리Love Story」에 남겼습니다. 1977년 가수 최헌은 입술을 앵두에 비유하였고, 키스 한 번 허락한 것을 결혼을 허락한 것으로 착각하기도 했습니다. 드디어 1979년 노고지리는 말보다 행동을 옮깁니다. 찻잔을 앞에 두고 사랑한다는 말보다 먼저 신체 일부를 만집니다. 그 전율이 열기로 변하고 그 열기가 온몸으로 번져 나가 소리 없는 정으로 이어집니다. 내용만으로 사랑이 얼마나 가슴 아픈 것인지 충분히 알 수 있습니다. 가수 김현식은 1984년 "사랑이란 가슴이 아픈 것"이라고 직접적으로 표현했고, 가수 조용필은 다음 해 "사랑이란 아름다운 죄"라며 아픈 것으로 모자라 사랑을 죄로 봤습니다.

1970년대나 80년대뿐 아니라 오늘날에도 대중문화에서는 '사랑'과 '아픔'을 함께합니다. 뿐만 아니라 첫사랑이 이루어졌다 하면 무슨 다른 나라 사람을 본 것처럼 말하거나 외계인 취급하는 경우도 많습니다. 이렇게 우리에게 사랑은 기쁨이나 행복보다 아픔과 고통으로 더 연결되어 있습니다. 그런데 이해가 안 되는 것은 사랑하는 모든 사람은 행복에 빠져 있고 즐거움으로 가득 차 있고 희망에 부풀어 있습니다. 얼마나 모순된 얘깁니까? 이유가 무엇일까요?

흔히들 사랑은 이성으로 하는 것이 아니라 감정으로 한다고 합니다. 그럼 감정은 무엇일까요? 시간의 순서에 충실하는 것입니다. 시간이 흐르는 순서에 따르는 것이죠. 그래서 뒤에 올 시간에 대해서는 생각하지 않는 것이 감정입니다. 우리는 앞에서 한 청년을 봤습니다. 사자와 싸워야 할지도 모르는 자신은 생각하지 않고 지금 눈앞에 있는 아름다운 여자만 생각했습니다. 이것이 감정입니다.

그렇다면 왜 사람은 뒤에 올 것을 생각하지 않고 지금 눈앞의 것만 생각할까요? 그것은 바로 행복추구 욕망 때문입니다. 사람에게는 참 많은 권리가 있고 추구하고 싶은 것이 있습니다. 그중에서도 흐르는 시간과 가장 밀접한 관계가 있는 것이 바로 행복입니다. 과거의 행복도 미래에 올 행복도 지금 이 순간 느끼는 행복만큼 뚜렷하지 않습니다. 우리는 지금 이 순간을 놓치면 행복은 존재하지 않을 것 같은 생각에 사로잡혀 있습니다.

이렇게 감정에 충실하고 지금 행복에 충실한 것이 바로 사랑입니다. 사랑의 아픔이나 후회는 나중의 문제입니다. 사랑에 빠져 있거나 사랑을 나누는 지금은 마냥 행복합니다. 그래서 사랑은 아프면 안 됩니다. 지금 행복한 이 감정이 나중에 어떤 아픔이나 고통으로 변할지 모르지만 지금 이 순간만은 행복합니다. 이렇게 사랑에는 아픔이 없습니다. 그래서 아프면 결코 사랑이라고 할 수 없습니다.

대부분의 철학자는 이성적입니다. 이렇게 이성이 감정보다 앞서 있는 철학자는 어떤 사랑을 했을까요? 남들보다 특별한 사랑을 했을까요? 그들도 사랑하고 결혼한 다음 자식을 낳고 잘 살았습니다. 하지만 어떤 철학자는 동거를 하거나 아기만 낳은 경우도 있습니다. 그런가 하면 또 어떤 철학자는 독신으로 살기도 했습니다. 그들의 사랑이 궁금합니다. 그래서 살펴봤습니다. 특별하지는 않지만 독특한 그들의 사랑, 사랑법, 그리고 사랑에 대한 생각을 소개합니다.

이미 많은 철학자가 철학자의 사랑에 대해서 연구하였습니다. 이 저서는 철학자의 사랑을 보다 대중화시키기 위해서 이미 연구된 철학자의 사랑에 조금 더하고 빼 쉽게 풀어 설명하고자 했습니다. 그러다 보니 기존의 연구내용과 중복되는 부분도 있습니다. 독자의 양해와 이해를 구합니다.

세창출판사에서는 많은 철학저서를 출판하고 있습니다. 철학을 공부하는 사람으로 참 고맙게 생각합니다. 특히 출판을 허락해 주신 이

방원 사장님, 기획을 담당하신 원당희 님, 그리고 지난 무더운 여름 이 책과 함께 고생하신 홍순용 님을 비롯한 편집실과 디자인실의 모든 분께 감사드립니다.

2017년 10월

서정욱

○ 차례

하나님과 제우스의 사랑

여자는 남자를 위해 필요하다

O 아담과 이브의 탄생

첫날부터 세상을 창조하기에 무척 바쁘신 하나님. 마지막 날이 더없이 바쁘다. 아침부터 부지런히 고운 흙을 체에 거르고 또 걸러 곱디고운 가루를 준비한다. 다음으로 풀잎과 나뭇잎에 맺힌 이슬방울을 정성껏 모은다. 이렇게 준비한 흙과 물을 으깨어 당신을 닮은 모습으로 빚어낸다. 주변을 돌아보니 며칠 전에 만든 나무가 잘 자랐다. 그중 화력이 좋은 것을 골라 불을 지핀다. 그 불에 당신의 모습을 닮은 물건을 올려 골고루 굽는다. 잘 구워졌다고 판단한 하나님은 마지막으로 당신의 입김을 불어넣으니 새로운 생명이 탄생했다. 이렇게 창조된 것이 바로 아담Adam이다. 그 아담을 보고 하나님은 이렇게 말씀하셨다.

"참 좋다."

오해가 없기 바란다. 『구약성서』의 내용을 조금 각색해 보았다. 그리고 또 오해가 없기 바란다. 하나님이 하신 "참 좋다"는 말씀은 당신을 닮은 모습으로 빚었지만 당신만큼은 아니라는 뜻이다. 즉 전지전능한 하나님만큼은 아니지만 그만하면 되었다는 뜻이다. 인간은 이렇게 처음부터 전지전능한 하나님과 다르게 불완전한 모습으로 태어났다.

그런데 이렇게 태어난 아담은 에덴동산에서 동물들과 놀며 식물채집이나 하고 있으니 하나님 속이 터질 대로 터진다. 그것도 모자라 밤에 뭐 하는지 낮에는 낮잠이나 자고 있으니 한심 그 자체다. 하나님이 새로운 세상을 만들어 줬으면 아담은 뭔가 창의적인 생각으로 자신만의 세상을 꾸며야 할 텐데 한다는 짓이 이 모양이니 답답할 노릇이다. 참다못해 하나님이 다시 나선다. 이브Eve의 탄생이다.

아담이 노는 것이 불쌍하고 심심해 보인 하나님은 낮잠이나 자고 있는 아담의 옆구리 깊숙이 손을 넣어 갈비뼈 하나를 꺼내 숨은 요술을 부리니 아름다운 여자가 되었다. 얼마나 깊이 잠들었으면 아담은 자신의 몸속에서 갈비뼈가 빠져나가는 것도 몰랐을까. 정말 답답하고 한심하다. 다행인지 불행인지 이렇게 이브는 만들어졌다. 그런데 문제는 여기서부터다. 하나님이 얼마나 불공평한 분인지 우리는 아담과 이브를 만드는 것을 보면 알 수 있다.

아담은 기껏 흙과 물로 만들었다. 그런데 이브는 뼈라니. 다시 말해 오늘날의 관점에서 보면 아담은 겨우 질그릇이고 이브는 본차이나Bone China이니 얼마나 불공평한가. 이렇게 남자와 여자는 출발부터 불공평 그 자체다. 그나마 다행인 것은 하나님이 여자를 남자를 위해서 그것도 심심하고 한심하고 불쌍한 남자를 위해서 크게 인심 쓰고 만들었다는 것이 위안이라면 위안이다.

○ 판도라의 탄생

그리스 신화를 보자. 천하의 난봉꾼이요, 바람둥이 제우스Zeus가 무슨 속셈이었는지 천지를 창조하기로 마음먹는다. 그리고 그 일을 프로메테우스Prometheus와 에피메테우스Epimetheus 형제 신에게 맡겼다. 형 프로메테우스가 흙, 물, 불, 그리고 공기를 이용하여 동물의 형상을 빚어 생명을 주면 동생 에피메테우스는 동물들에게 그에 맞는 능력을 부여하였다. 사자에게는 날카로운 이빨과 발톱을, 독수리에게는 역시 강한 부리와 발톱을 주어 능력껏 살아갈 수 있게 한 것이다.

모든 동물을 창조한 다음 프로메테우스는 인간을 창조한다. 정성껏 남자를 만들었다. 그런데 멍청한 에피메테우스가 그 많은 능력을 동물에게 다 주고 나니 인간에게 줄 것이 없었다. 고민하던 에피메테우스는 형 프로메테우스에게 이 사실을 말했다. 프로메테우스는 어쩔 수 없이 올림포스 산에 올라 불을 훔쳐 와 인간에게 주었다. 이렇게 하여 사람은 불을 다룰 줄 아는 능력을 얻었지만, 프로메테우스는 큰일이 났다. 왜냐하면 제우스가 창조물에게 어떤 능력을 다 주어도 상관없지만 불은 절대로 주면 안 된다고 단단히 일러두었기 때문이다.

프로메테우스는 정말 줄 능력이 없어서 불을 주었는지 아니면 제우스와 한판 붙고 싶어서 사람에게 불을 주었는지는 모르지만, 어찌 되

프로메테우스
제우스는 프로메테우스를 코카서스 산맥에 묶어 두고는 자신이 부리는 독수리를 시켜 프로메테우스의 간을 파먹게 한다. 페터 파울 루벤스 作, 1611-1612.

었든 제우스는 화를 참지 못하고 프로메테우스에게 벌을 내린다. 제우스는 프로메테우스를 코카서스Caucasus 산맥에 묶어 두고는 자신이 부리는 독수리를 시켜 프로메테우스의 간을 파먹게 한다. 프로메테우스는 오늘날 조지아의 카즈베기에 묶여 있고, 독수리는 낮 동안 그의 간을 파먹는다. 밤이면 다시 프로메테우스의 간은 새살이 돋아 멀쩡해진다. 인간에게 불을 준 대가로 프로메테우스가 받는 고통은 헤라클레스가 독수리를 죽일 때까지 계속되었다.

제우스는 난봉꾼에 바람둥이일 뿐 아니라 비굴하기도 하다. 분명한 것은 잘 모르겠지만 에피메테우스가 남자를 만들었다는 얘기를 전해 들은 제우스는 이 남자에게 여자를 선물하기로 한다. 바로 판도라 Pandora다. 누구는 판도라가 남자를 위해 만들어졌다고 하고, 또 누구는 남자에게 불을 준 복수의 대가로 만들었다고 한다. 남자는 항상 여자에게 당하니 제우스가 왜 판도라를 만들었는지 그깟 것이 뭐 그렇게 대수겠는가.

문제는 에피메테우스와 프로메테우스가 남자를 만든 것과 다르게, 판도라는 신들이 직접 창조했다는 것이다. 더 심한 것은 판도라를 인간의 세계로 내려보낼 때 올림포스 산의 12신들은 제우스의 명령에 따라 자신들의 능력을 하나씩 판도라에게 주었다는 것이다. 뿐만 아니라 하나의 상자를 준비하여 선물까지 가득 담아 주었다니. 이건 해도 해도 너무하는 것 아닌가. 판도라의 상자에 대해서는 얘기할 필요가 없을 것이다. 얘기하면 괜히 화만 날 뿐이다.

이렇게 제우스도 남자와 여자를 창조할 때 하나님처럼 불공평하게 했다는 것이 남자를 화나게 한다. 질그릇과 본차이나는 그런대로 참겠는데 판도라는 어떻게 만들었는지도 모르게 극비리에 이루어졌고 심지의 신의 능력까지 부여했다니 남자가 여자를 어떻게 이긴단 말인가. 이길 재간이 없다.

○ 웅녀와 단군의 탄생

서양은 그렇다고 치고 우리는 어떤가. 일연 스님의 『삼국유사』에 따르면 하나님의 아들 환웅이 인간을 다스리고 싶어서 경계를 알 수 없이 넓디넓은 우리 땅에 내려왔는데 곰과 호랑이가 나타나 인간이 되고 싶다고 했단다. 마늘과 쑥을 주고 동굴 속에서 100일만 참으면 인간이 된다는 환웅의 말에 두 짐승은 얼씨구나 하고 동굴 속으로 들어갔다. 육식을 하는 호랑이에게 마늘과 쑥은 처음부터 무리였지만 그래도 인간이 되고 싶은 마음에 굶었는지 어쨌는지 몰라도 일주일은 버텼다. 하지만 그것이 한계였나 보다.

반면 잡식에 겨울잠까지 잘 줄 아는 곰에게 100일 정도 굴 속에 사는 것은 아무 문제도 없었다. 더욱이 마늘과 쑥이라는 식량까지 주니 금상첨화다. 하지만 내색을 하면 안 되겠지. 조신하게 힘든 척하면서 주어진 시간을 보내고 있었겠지. 특히 호랑이가 굴을 뛰쳐나간 다음에는 더더욱 신의 눈에 들어야 한다. 경쟁상대가 사라졌다고 기뻐할 것이 아니라 앞으로 해야 할 일을 이미 곰은 구상하고 있었는지도 모른다.

아니나 다를까. 곰을 어여삐 여긴 신은 21일 만에 사람으로 만들어 주었다. 그것도 어여쁜 여자로 말이다. 그리고 웅녀라는 이름까지 지어 주었다. 이제 웅녀에게 필요한 것은 남자다. 동물들이 어떻게 종족을 번식하는지 잘 알고 있는 웅녀는 인간도 종족번식을 위해 수컷이 필요하다는 것을 잘 안다. 그리고 그것을 할 수 있는 것이 신이라는 것도 안다. 또 다른 동물을 인간으로 만들어 자신의 짝으로 만들어 줄

○

수도 있고, 신이 조화를 부려 남자를 만들어 줄 수도 있다. 분명한 것은 웅녀가 할 수 있는 것은 아무것도 없었다. 그래서 웅녀는 그냥 빌기만 했다. 새벽같이 일어나 찬물에 목욕재계하고 깨끗한 물 한 그릇 떠 놓고 빌고 또 빌었다.

지성이면 감천이라고 하지 않았던가. 환웅도 웅녀의 이런 치성에 마음이 움직였나 보다. 너무나 기특한 웅녀를 위해 환웅은 잠시 인간으로 모습을 바꾼다. 이렇게 웅녀 앞에 나타난 환웅은 누가 봐도 멋있는 남자다. 신이 인간으로 바뀌었으니 얼마나 멋있겠는가. 웅녀는 그 모습에 반해 잠시 정신을 잃는다. 혼미한 웅녀를 환웅은 잠시 아내로 취한다. 이렇게 해서 웅녀는 아들 단군을 얻는다. 웅녀가 얻은 것은 아들 단군이지만, 단군이 성장하면서 웅녀에게 단군은 더 이상 아들이 아니라 남자다. 이렇게 남자 단군이 여자 웅녀 앞에 나타났다.

○ 사랑과 성행위

참 다행이다. 정말 다행이다. 서양에서나 동양에서나 여자는 모두 남자를 위해 존재하게 되었다는 사실이 말이다. 성경에서는 하나님이 확실하게 남자를 위해서 여자를 만들었다고 기술하고 있다. 제우스가 왜 판도라를 만들었는지는 모르지만 긍정적으로 생각하면 남자를 위해서 만들었다는 결론이 나온다. 그리고 웅녀는 정말 남자가 필요하다고 빌고 또 빌어 단군을 얻었으니 말이다.

사람이 어떻게 이 세상에 존재하게 되었는지 아는 사람은 아무도 없다. 다행히 신화도 있고 종교적인 얘기도 있으니 우리는 그것에 준해서 그냥 믿거나 받아들이면 된다. 지금까지 살펴본 것처럼 여자는 남자의 필요에 의해서 만들어졌다는 것은 분명하다. 차이가 있다면 그리스 신화와 성경에서는 남자가, 단군 신화에서는 여자가 먼저 만들어졌다는 것뿐이다. 이 차이가 큰 의미가 있을지는 생각해 보자.

분명한 것은 인간이 만들어진 후 세상은 인간을 중심으로 움직인다는 것이다. 신이 만든 인간은 사랑을 나누고 자식을 낳고 또 그 자식이 인간을 낳고 먹이를 찾고 집을 짓고 오늘에 이르게 되었다. 여기서 한 가지 절대로 놓치지 말아야 할 것은 자식을 낳는 행위, 즉 성행위다.

여기서 한 가지 가정을 하자. 만약 성행위를 위해 사랑이 필요하다면, 사랑이 곧 자식을 낳은 행위라고 할 수 있다. 자식을 낳기 위해서 남자와 여자가 필요하기 때문에 사랑은 남자와 여자가 하는 것이 일반적인 상식이다. 그럼 남자와 여자의 사랑은 어떻게 이루어지는가? 그리스 신화와 성경에서는 남자가 먼저 만들어지고 여자가 나중에 만들어졌다고 했다. 그리고 남자는 질그릇인 반면 여자는 본차이나이거나 신의 능력을 겸비했다고 했다. 투박한 질그릇의 남자와 빼어난 능력을 겸비한 여자가 사랑을 한다고 가정해 보라. 정말 웃기는 일이다. 말도 안 되는 일이지 않은가. 사랑이 무엇인지는 잘 모르지만 질그릇과 본차이나가 사랑을 한다는 것이 상상이 되는가. 그래서 우리가 내릴 수 있는 결론은 이들에게 사랑이란 그냥 성행위라고 할 수밖에 없다.

즉 성행위를 위해 제우스도, 하나님도 여자를 만들었다는 것이다. 그런데 서양과 달리 우리의 상황은 조금 다르다. 웅녀가 원한 것은 남자다. 그런데 태어난 남자를 한번 보자. 웅녀가 완전한 짐승인 반면에 단군은 반은 신이고 반은 짐승이다. 그리스 신화나 성경과는 전혀 다른 모습이다. 남자가 더 뛰어나고 여자가 조금 모자란다. 물론 반신반수가 완전한 짐승보다 더 뛰어나다는 보장은 없지만 일반적으로 볼 때 신적인 요소가 가미되어 있으니 전혀 없는 것보다는 우월하지 않겠는가. 그렇다면 우리의 신화에서도 사랑은 가능했을까? 아마 그렇지 못했을 것 같다. 더더욱 웅녀와 단군은 남자와 여자이기 전에 엄마와 아들 사이 아닌가. 우리의 신화에서도 그리스 신화나 성경에서와 같이 성행위만 존재했지 사랑은 불가능했을 것이다.

결국 신이 인간을 만든 이유는 한 가지다, 종족번식이다. 신을 대신해서 이 세상을 다듬고 보다 좋은 세상을 만들라고 인간에게 그 능력을 부여했다. 이런 관점에서 본다면 종족번식을 위한 인간의 사랑이란 결국 신을 대신하는 성적 행위라고 할 수 있다.

○ 남자를 위해 존재하는 여자

한 가지 분명한 사실은 신은 인간을 만들 때 남자를 위해 여자를 만들었다는 것이다. 이러한 사실이 그리스 신화와 성경에서는 분명하게 나타나 있고, 단군 신화에서는 조금 우회적으로 보이는 차이가 있을 뿐이다. 즉 단군 신화에서는 웅녀를 위해 단군이 존재한 것이 아니라 단군을 얻기 위해 먼저 웅녀를 만들었을 뿐이다. 전지전능한 신이 처음부터 웅녀를 만들 필요가 없었다. 환웅도 하나님이나 프로메테우스처럼 흙으로 구우면 될 것을 어렵게

판도라
제우스는 신의 능력을 담아 판도라를 만
들었다. 존 윌리엄 워터하우스 作, 1896.

웅녀를 만든 이유는 웅녀와 단군의 차이를 두기 위해서다. 즉 반신반
수의 남자와 여자의 차이를 두기 위해서라고 할 수 있다.

그리스 신화와 성경은 어떤가. 제우스는 신의 능력을 담아 판도라
를 만들었다. 그렇다면 판도라도 반신이라고 할 수 있다. 성경에서는
아담의 갈비로 이브를 만들었다고 한다. 흙이 아니라 뼈다. 이 둘은
재료부터가 분명 다르다. 그렇다면 그리스 신화와 성경에서도 남자와
여자는 분명한 차이를 보인다. 판도라는 분명 신의 요소가 있지만 이
브에게 신의 요소가 있는지는 잘 모르겠지만 아담과 차이는 있다.

그래서 서양 사람들은 자신의 여자를 좀 특별하게 부른다. 영어권에서는 허니Honey, 달링Darling, 혹은 스윗하트sweetheart 등 달달한 표현을 사용하고, 독일어권에서는 반짝반짝 빛나는 보석이라는 뜻으로 샤츠Schatz라고 부른다. 우리는 어떤가. 우리도 서구화 물결에 따라 서양식으로 부르는 사람도 있지만 여전히 우리에게 여자는 안사람, 집사람, 내자, 부인, 여편네, 혹은 마누라 등 남자를 돌봐 주거나 보호해 주는 듯한 표현을 사용한다.

남자가 반신이든 여자가 반신이든 중요하지 않다. 중요한 것은 처음 신은 남자를 위해 여자를 만들었다는 것이다. 그런데 언제부터인가 이 법칙이 바뀌기 시작했다. 그러다 이제는 완전히 바뀌었다. 남자가 존재하는 이유가 꼭 여자를 위해서인 것으로 말이다. 상관없다. 어느 쪽이든. 분명한 것은 종족번식을 대전제로 한 사랑을 위해서 남자와 여자가 있어야 한다는 것은 분명한 진리이며 엄연한 사실이니까.

플라톤의 사랑

사랑이란 모르는 것을 알고자 하는 욕망이다

○ 너 자신을 알라

　　　　　　　　고대 그리스 도시국가 델포이 시민
들의 피땀으로 드디어 아폴론 신전이 완공되었다. 신전의 신관은 고
대 그리스를 대표하는 7명의 현인에게 준공식 참석을 부탁하는 초청
장을 보낸다. 이 역사적인 준공식에 초대받은 그들은 거대한 신전을
보고 놀라움을 감추지 못한다. 신관은 준공식에 참석해 준 그들에게
감사드리며 그들의 좌우명을 신전에 새겨 달라고 부탁한다. 신관의
부탁을 받은 그들은 주저주저하면서 서로 눈치를 보고 있었다. 이때
스파르타에서 온 킬론이 사다리를 가져오게 한 다음 신전 입구 현관
정면에 자신의 좌우명을 새겼다. 킬론의 행동에 자신감을 얻은 나머
지 6명도 신전 여기저기에 자신의 좌우명을 남겼다.

너 자신을 알라

– 스파르타Sparta의 킬론Chilon (B.C. 632년경 활동)

이 세상에서 가장 좋은 것은 중용이다

– 린도스Lindos의 클레오불로스Kleobulos (B.C. 6세기경 활동)

세상에서 가장 아름다운 것은 평온함이다

– 코린토스Korinthos의 페리안드로스Periandros (B.C. 583년 사망)

친구를 기억하라

– 밀레투스Miletus의 탈레스Thales (B.C. 624년경-B.C. 547년경)

남이 맡긴 물건을 꼭 다시 돌려주라

– 미틸레네Mytilene의 피타코스Pittakos (B.C. 651년 또는 650년-B.C. 570년경)

순명하는 법을 배우면 명령하는 법을 알게 될 것이다

– 아테네의 솔론Solon (B.C. 638년경-B.C. 558년경)

많은 사람은 악하다

– 프리에네Priene의 비아스Bias (B.C. 590년경-B.C. 530년경)

요즘 우리나라 젊은이들이 일자리가 부족하고 평생직장이 사라지니 너도나도 공무원 시험에 매달린다. 공무원의 끝이 어딘지는 잘 모르겠지만, 고대 그리스의 젊은이들의 꿈은 정치인이었다. 공시생이 늘어나면서 수준 미달의 강사나 불법 학원이 난립하는 것은 당연한 것이다. 고대 그리스도 그랬다. 정치를 하겠다는 젊은이는 넘쳐나고 가르칠 선생은 부족하니 당연히 불법과외에 사이비 강사가 나타날 수밖에 없었다. 이름하여 소피스트이다. 물론 좋은 소피스트도 있었지만 대부분 나쁜 소피스트뿐이었나 보다. 그러니 모두 궤변론자라고 통칭한다.

아리스토파네스는 그의 소설 『구름』에서 소크라테스도 사이비 학원을 설립하고 젊은이를 모아 엉터리 논리를 가르치는 나쁜 소피스트라고 묘사한다. 이때 소크라테스와 함께 엉터리 학원을 운영한 친구가 있었는데 그 유명한 카이레폰이다. 인간은 미래를 궁금해 하는 동물이다. 사이비 소피스트 친구 카이레폰도 오죽하겠는가. 델포이에 아폴론 신전이 완공되고 신탁을 받을 수 있다는 소문이 전 그리스 도시국가에 퍼져 나갔다. 카이레폰은 소크라테스와 함께 델포이를 찾았다. 카이레폰은 소크라테스가 정말 지혜로운 사람인지가 궁금해서 신탁을 듣기 위해 무녀를 찾아갔다. 그리고 질문을 던진다. "소크라테스보다 더 지혜로운 사람은 없습니까?" 우리가 잘 알고 있듯이 무녀의 대답은 "없다"였다. 신이 난 카이레폰은 소크라테스에게 빨리 이 사실을 알리고 싶었다.

그런데 소크라테스는 미래에 관심이 없었는지 아폴론 신전의 신탁소 대신 신전 주변만 구경하고 다녔다. 그러다 한 문구가 눈에 들어왔다. 킬론의 명언이다. 카이레폰은 무녀로부터 들은 사실을 전했지만 소크라테스는 전혀 관심이 없다. 소크라테스는 미래도 궁금하지 않고 자신보다 더 지혜로운 사람이 있든 없든 전혀 상관없다. 소크라테스는 단지 "너 자신을 알라"가 무슨 뜻인지만 궁금할 뿐이다.

"나보다 더 지혜로운 사람이 아테네에 없다고?" 카이레폰이 들었다는 신탁의 얘기를 생각하면 할수록 소크라테스는 놀라지 않을 수 없었다. 스스로 지혜롭다고 생각해 본 적도 없고 그렇다고 남들만큼 교육을 받은 것도 아닌 소크라테스로서는 신탁의 내용이 의외일 수밖에 없었다. 문제는 소크라테스의 지행합일 사상이다. 아는 것은 확인하고 모르는 것은 배우는 자세를 가진 소크라테스야말로 성실한 선생님 그 자체다. 바로 여기서 우리는 '너 자신을 알라'의 의미를 찾아볼 수 있다.

신탁의 내용에 따르면 소크라테스는 지혜로운 사람이고 그보다 더 지혜로운 사람이 없다고 했으니, 이제 남은 것은 확인절차다. 부지런히 아테네로 돌아온 소크라테스는 아테네에서 유명하고 지혜롭다는 예술가, 정치인, 문인 등을 찾아다니면서 사실을 확인한다. 그리고 내린 결론이 "최소한 나는 내가 모른다는 것을 알지만, 그들은 자신이 모른다는 사실조차도 모르고 있다"이다. 그리고 그렇게 '스스로 무지하다는 사실을 알라'라는 의미에서 '너 자신을 알라'로 해석되고 있다.

철학사를 통해 많은 철학자들이 내린 결론이니 여기서 부정할 수 없다. 하지만 조금 다르게 보아도 될 것 같다. 우선 동사 '알다'를 보자. 킬론은 '너 자신을 알라'고 했다. 보는 사람은 주체 '너'를 '나'로 읽을 것이다. 그럼 킬론의 주장은 '나 자신을 알라'가 된다. '나'와 '자신'은 결국 같은 의미로 봐도 상관없다. 이런 관점에서 본다면 킬론의 주장은 목적어 없는 문장 '나는 안다'가 될 것이고, 여기에 우리는 가상의 목적어를 넣는다면 "나는 '무엇을' 안다"가 된다. 아는 것은 현재지만 알아야 할 것은 미래의 것이다. 그렇다면 킬론의 주장은 결국 '나는 무엇을 알아야 한다'는 강한 명령형이 될 수도 있다.

● 플라톤의 『향연』

철학사에서는 소크라테스가 신탁의 내용을 신의 명령으로 받아들이고 있다고 해석하고 있다. 즉 신의 뜻에 따라 소크라테스는 자신보다 더 지혜로운 사람이 있는지 없는지 확인하기 위해 아테네에서 유명한 모든 사람을 만나 얘기를 나누면서 평생을 보낸다. 바로 이런 소크라테스의 행동 속에 그들로부터 무엇인가 배우고 알아야겠다는 강한 의지가 포함되어 있음을 우리는 잘 알고 있다. 이렇게 소크라테스는 평생 무엇을 배우기 위해서, 그리고 모르는 것을 알기 위해서 노력한 철학자다. 그렇다면 사랑에 대한 그의 생각은 어떠했을까?

결론부터 말하면 마찬가지다. 소크라테스는 사랑을 무엇에 대해서 '아는 것'이라고 정의하고 있다. 고대 그리스에서는 매년 3월에 디오니소스 대축제가 열렸다. 이때 비극과 희극 경연대회도 함께 열리는데, 기원전 416년 아가톤이 바로 이 비극 경연대회에서 우승을 차지한다. 아가톤은 우승을 자축하기 위해서 사랑이라는 주제로 당시 사랑에 대해서 잘 알고 있는 사람을 초대하여 성대한 향연을 베풀었다. 이때 45살의 소크라테스도 초대되어 이 잔치에 참석한다. 훗날 플라톤은 이날 논의된 사랑에 대한 얘기를 모아 『향연』이라는 저서를 남긴다.

『향연』의 내용에 따르면 소크라테스를 추종하던 사람 중에 아리스토데모스가 있었다. 아가톤이 소크라테스를 초대했을 때 아리스토데모스도 함께 그 향연에 참석하였다. 아리스토데모스는 이때 들은 얘

플라톤의 향연
아가톤은 우승을 자축하기 위해서 사랑이라는 주제로 당시 사랑에 대해서 잘 알고 있는 사람을 초대하여 성대한 향연를 베풀었다. 안젤름 포이어바흐 作. 1869.

기를 친구인 아폴로도로스에게 다시 들려준다. 그리고 아폴로도로스는 또 자신의 친구인 글라우콘에게 들려준다. 『향연』은 바로 아폴로도로스가 글라우콘에게 들려주는 형식으로 짜인 책이다. 물론 아가톤이 자신의 집에서 향연을 베풀 때 플라톤의 나이는 12살이라 그 내용을 소크라테스나 아리스토데모스로부터 직접 듣지는 못했을 것이고, 아마도 글라우콘으로부터 전해 들은 얘기를 저서로 남긴 것으로 보인다.

『향연』에는 여러 종류의 사랑에 대해서 논의되고 있다. 하지만 그 어떤 사랑도 사랑의 신 에로스 없이는 설명이 불가능하다. 즉 사랑과 사랑의 신 에로스는 밀접한 관계가 있음을 알 수 있다. 소크라테스가 주장하는 사랑도 결국 에로스와 관계가 있다. 한 가지 차이가 있다면 에로스가 누구의 자식인가에 따라 의견 차이가 있을 뿐이다. 그래서 『향연』에서 아가톤의 초대에 참석한 사랑의 대가들은 에로스가 어떻게 탄생했느냐에 따라 자신의 사랑도 다르게 설명한다.

○ 사랑이란 지혜나 지식처럼
   모르는 것을 알고자 함

아르카디아 남동부에 도시국가 만티네이아가 있었다. 이 도시국가에 디오티마라는 전설적인 무녀가 살았다. 디오티마는 다방면에 뛰어난 능력을 발휘하였는데 특히 희생 제물을 바쳐 아테네가 다른 도시국가에 비해 장티푸스와 같은 전염병을 10년이나 늦춘 기적을 낳은 것으로 유명하다. 바로 이 무녀 디오티마를 어느 날 소크라테스가 만났다. 그리고 이 디오티마가 소크라테스에게 에로스의 탄생에 대해서 들려주었다.

아프로디테 탄생을 기념해 신들은 올림포스 신전에서 잔치를 열었다. 이때 풍요의 신 포로스도 초대받아 제우스를 비롯한 다른 신들과 함께 아프로디테의 탄생을 축하하며 신들의 술인 넥타르를 마시고 마음껏 취했다. 반면 빈곤의 여신 페니아는 좋은 날에 나타나면 보기 좋지 않다는 제우스의 생각 때문에 초대받지 못했다. 그래서 페니아는 주린 배를 붙잡고 신전 앞에서 구걸을 하고 있었다. 넥타르에 너무 취한 포로스는 집으로 가는 도중 몸을 가누지 못하고 제우스의 정원에

쓰러져 잠이 들고 말았다. 신전 앞에서 구걸을 하던 페니아는 잠든 포로스를 발견하고 그 풍요로움에 취해 자식을 하나 얻어야겠다는 강한 욕정을 느꼈다.

이렇게 해서 얻은 자식이 바로 에로스라고 디오티마는 주장한다. 소크라테스도 이 디오티마의 주장에 동의한다. 일반적으로 사랑은 아름다운 것, 행복한 것, 혹은 훌륭한 것으로 정의 내린다. 사랑에 대한 이런 정의는 완벽한 것을 의미하기 때문에 더 이상 부족한 것도, 결여된 것도 없다. 왜냐하면 당시 아테네 사람들은 아름답거나, 행복하거나 훌륭한 것은 완벽한 신의 몫이라고 생각했기 때문이다. 즉 신은 우선 불사의 존재이며 부족한 것이 없기 때문에 사랑의 신 에로스도 부족한 것이 없고, 그래서 사랑은 완벽한 것으로 보았다.

만약 에로스가 바라는 것이 있거나 완벽하지 못하면 결코 행복하지도 아름답지도 않다는 결론이 나온다. 그리고 에로스가 신이라면 불사의 존재이며 완벽하지만 신이 아니라면 죽을 수도 있으며 완벽할 수도 없다. 풍요의 신 포로스와 빈곤의 신 페니아 사이에서 태어난 에로스는 어떨까? 바로 여기서 소크라테스는 디오티마가 얘기한 에로스의 탄생에 주목한다. 소크라테스에 따르면 에로스는 아버지 포로스와 어머니 페니아의 성품을 모두 타고났다.

아버지를 닮은 에로스는 무엇보다 아름답고 착하고 용감하다. 에로스는 모든 일을 함에 있어서 저돌적이고 정열적이며 강함이 마치 힘센 사냥꾼 같다. 뿐만 아니라 지혜롭기 때문에 하는 일마다 성공을 거두며 사람을 대할 때도 논리적인 말로 설득하기에 모든 사람이 의심

헤르메스에게 자신의 힘을 온 세계에 알리도록 지시하는 에로스
에로스는 죽지 않을 수도 있지만 죽을 수도 있으며, 풍요롭게 꽃이 피거나 열매를 맺다가도 금방 시들어 버릴 수도 있다. 가장 중요한 것은 에로스는 지혜롭지도 않지만 그렇다고 무지하지도 않다는 것이다. 외스타슈 르 쉬외르 作, 17세기경.

하지 않고 따른다. 반대로 페니아의 성품을 이어받은 에로스는 항상 가난하고 궁핍하다. 에로스하면 생각나는 부드러움이나 아름다움은 전혀 찾아볼 수 없고 오히려 딱딱하고 거칠기만 하다. 늘 맨발로 다니며 쉴 만한 거처도 없이 노숙자처럼 땅바닥에서 이불도 없이 지내거나 남의 집 문간에서 주린 배를 잡고 잠을 청한다.

이 둘의 성품을 모두 갖고 태어난 에로스는 우리가 생각하는 신과 다르다는 것이 소크라테스의 주장이다. 즉 에로스는 죽지 않을 수도 있지만 죽을 수도 있으며, 풍요롭게 꽃이 피거나 열매를 맺다가도 금방 시들어 버릴 수도 있다. 그리고 부유하지만 금방 궁핍해질 수도 있는 것이 에로스다. 가장 중요한 것은 에로스는 지혜롭지도 않지만 그렇다고 무지하지도 않다는 것이다. 지혜로운 사람과 다르게 무지한 사람은 아름답지도 선하지도 총명하지도 않지만, 스스로 무엇이 부족한 것인지 모르기 때문에 모든 것에 만족한다.

○ 사랑의 네 단계

디오티마가 얘기하는 에로스는 아버지와 어머니를 다 닮았기 때문에 지혜로움과 무지의 중간에 놓여 있다. 그렇기 때문에 에로스는 스스로 지혜롭기 위해 노력하고 원한다. 가진 것 없고 가난한 페니아가 모든 것을 다 가지고 풍요로웠던 포로스를 원했던 것처럼 에로스는 보다 좋은 것을 갖기 원한다. 이는 마치 모르기 때문에 지혜나 지식을 얻기 원하는 것과 마찬가지다.

사랑이 인간에게 좋은 것인 것처럼, 인간은 좋은 것을 사랑한다. 그리고 인간은 이 좋은 것을 그냥 갖고 싶어 하거나 갖고 있는 것이 아니라 영원히 자기 것으로 만들려고 노력한다. 이는 무지한 사람이 지식과 지혜를 영원히 자신 것으로 만들려는 것과 같다. 이렇게 소크라테스는 사랑이란 자신에게 부족한 것을 찾거나 채워서 영원히 자신의 것으로 만드는 것이라고 했다. 하지만 소크라테스는 부족한 것을 채우는 사랑에도 단계가 있다고 보았고, 모두 네 단계로 나누어 설명하고 있다.

첫 번째 사랑은 우리가 잘 알고 있는 육체적 사랑이다. 육체는 시각적으로 볼 수 있는 아름다움을 지니고 있다. 하지만 육체적 아름다움은 아름다움이란 전체의 일부분에 지나지 않는다. 그래서 육체적 사랑보다 더 좋은 것은 두 번째 사랑인 정신적인 사랑이다. 소크라테스는 결혼하고 싶은 사람에게 찾는 사랑이 바로 이 정신적인 사랑이라고 한다. 육체적인 사랑보다 정신적인 사랑을 사람으로부터 느낄 때 결혼하고 싶어 하고 가정을 꾸리고 싶어 한다는 것이 소크라테스의 주장이다. 즉 정신적 사랑으로 결혼하고 가정을 꾸린 사람은 육체적인 사랑이나 아름다움은 아무것도 아님을 알게 된다.

세 번째 사랑은 아름다움의 세계를 터득하는 것이다. 정신적 사랑이니 육체적인 사랑이니 하는 것은 사람에게 얽매여 있다는 뜻이다. 아름다움의 세계를 터득한다는 것은 사랑이 사람에게 국한되지 않고 다른 세계로 넓혀 간다는 뜻이다. 그것은 세계와 우주의 지식이나 지혜에 대한 아름다움을 터득하는 것일 수도 있다.

마지막 네 번째 사랑은 아름다움 자체를 터득하거나 이해하는 것이다. 페니아가 원했던 것은 현실을 넘어 결국 아름다움 자체라는 것이 소크라테스의 주장이다. 신이 갖는 특징은 불사성과 불멸성이다. 아름다움 자체가 바로 이 불사성과 불멸성을 갖고 있다. 뿐만 아니라 아름다움 자체는 증감도 없고 시공을 초월해 있기 때문에 인간의 감각으로는 느낄 수 없고 알 수도 없기 때문에 마음으로만 터득할 수 있는 것이다.

이렇게 소크라테스는 킬론이 남긴 '너 자신을 알라'를 접한 다음 끊임없이 알기를 원했고 알려고 노력했다. 사랑에 대한 그의 생각도 마찬가지다. 사랑이란 지혜나 지식처럼 완벽한 것이 아니기 때문에 끊임없이 알려고 노력해야만 얻을 수 있다고 소크라테스는 생각했다. 결국 포로스와 페니아의 아들 에로스처럼 사랑이란 스스로 무엇이 부족하다는 것을 먼저 알고, 그것을 채우기 위해 끊임없이 노력하고, 또 얻은 것은 지식이나 지혜처럼 영원히 간직하는 것이다. 문제는 인간이 신처럼 완벽하지 못하기 때문에 어디까지 알고 얻어야 되는지 모른다는 것이다.

 '사랑이란 무엇에 대해 아는 것이다'라는 소크라테스의 사랑에 대한 주장은 뫼비우스의 띠처럼 그 끝이 어디인지 모른다는 것이 안타까울 뿐이다.

파이드로스의 동성애적 사랑

사랑은 훌륭한 삶의 원동력이다

○ 최초의 신 에로스의 탄생

고대 그리스 신화에 따르면 처음에 카오스Chaos가 있었고, 그 카오스에서 가이아가 가장 먼저 태어난다. 고대 그리스 신화는 한 가지로 통일된 것은 없고 오늘 우리가 읽고 있는 것은 고대 그리스의 여러 문학작품 속에 등장하는 신화를 정리한 것이다. 그 일을 했던 사람 중 한 명이 바로 역사가 헤시오도스다.

헤시오도스Hesiodos는 『신통기』 122행에서 에로스의 탄생을 묘사하고 있다. 하지만 맨 처음 생긴 것은 카오스다. 카오스를 우리는 혼돈이라고 번역해서 사용하는데, 고대 그리스 신화에서는 혼돈이라는 뜻보다는 우주가 생겨나기 전 단계로 본다. 기원전 1세기를 전후로 활동한 로마의 오비디우스Ovidius, B.C. 43-A.D. 17 이후 카오스는 혼돈이라는 의미로 사용된 것으로 알려져 있다.

바로 이 우주가 들어갈 공간인 카오스에서 눈 덮인 올림포스 꼭대기에 사는 죽지 않는 신들이 태어났다고 헤시오도스는 주장한다. 가장 먼저 신들의 영원하고도 안전한 거처인 가이아가 카오스에서 나온다. 이 가이아는 넓은 가슴을 갖고 있다고 헤시오도스는 서술하고 있다. 가이아와 함께 카오스에서 나온 신은 죽음과 지하세계를 담당하는 타르타로스이다. 가이아와 타르타로스 외에 또 하나의 신이 카오스에서 나오는데, 그 신이 바로 에로스다. 헤시오도스는 이 에로스가 불사신 중에서 가장 잘생겼다고 한다. 이렇게 잘생긴 에로스는 모든 신과 인간의 사지를 나른하게 할 뿐 아니라 이성적인 사고까지 멎게 하는 능력을 갖고 있다. 그래서 신이든 인간이든 에로스를 마주하는 순간 생각이나 행동을 제압당해 하고 싶은 대로 하지 못하고 에로스의 꼭두각시가 되고 만다. 더욱이 주목할 것은 사람이든 신이든 이런 점에서는 같다는 것이다.

바로 이 헤시오도스의 주장을 아가톤의 축하연에 참석한 파이드로스가 사랑을 논하면서 얘기했다고 플라톤은 『향연』에 적고 있다. 파이드로스는 계속해서 기원전 5세기경의 고대 그리스의 역사학자 아쿠실레오스Akousileos뿐 아니라 엘리아 학파의 철학자 파르메니데스Parmenides, B.C. 515년경~B.C. 460년경도 헤시오도스와 같이 에로스를 최초의 신으로 보고 있다고 주장한다.

파이드로스가 『향연』에서 헤시오도스, 아쿠실레오스, 그리고 파르메니데스까지 논하는 가장 큰 이유는 에로스가 가이아와 함께 카오스에서 나온 신 중 하나라는 것을 강조하기 위해서 일 것이다. '가장 먼

에로스
신이든 인간이든 에로스를 마주하고 순간 생
각이나 행동이 제압당해 하고 싶은 대로 하지
못하고 에로스의 꼭두각시가 되고 만다.

저 만들어졌다' 혹은 '가장 먼저 태어났다'가 의미하는 것은 무엇일까?
파이드로스는 그 의미를 '가장 좋은 것'이라고 했다. 가장 좋은 신이
먼저 태어났다는 의미이다.

이렇게 몇몇 사학자나 철학자에 따르면 카오스에서 최초의 불멸·
불사의 신은 가이아 혼자만 나온 것이 아니라 가이아, 타르타로스, 그
리고 에로스 이렇게 셋의 신이 동시에 태어났다. 그리고 이 셋의 신은
감히 가장 좋은 것이라고 할 수 있다.

○ 가장 좋은 것의 근원으로
에로스

신화는 신화다. 그러나 신화에 따르
면 에로스는 가장 먼저 태어난 신이다. 가장 먼저 태어났다는 것은 가
장 오래된 것을 의미한다. 가장 오래되었다는 것은 또 가장 좋은 것을
주는 근원이기도 한다. 가장 좋은 것을 주는 근원은 무엇일까? 그것을

파이드로스는 사랑에서 찾고 있다.

오늘날 우리의 관점에서 본다면 사랑에는 참 많은 종류가 있다. 크게 동성애와 이성애로 나눌 수 있지만 동성애 중에서도 게이와 레즈비언이 있고, 이성애자 중에도 양성애자가 있다. 하지만 고대 그리스에서는 사랑을 둘로만, 즉 이성애와 동성애 중에서도 게이로 나누었다. 물론 고대 그리스 사람 중에는 레즈비언도 있었고, 양성애자도 있었지만 당시 사회에서 인정된 사랑은 바로 이성애와 게이뿐이었다. 하지만 당시 게이는 오늘날의 게이와 달랐다. 당시의 게이는 순수한 동성애자가 아니라 양성애자였다. 즉 고대 그리스에서 동성애는 결혼한 남자가 어린 소년과 사랑을 나누는 것을 의미했다.

이런 관점에서 본다면 고대 그리스 남자에게 사랑이란 젊을 때는 결혼하여 자식을 낳고 나중에는 어린 소년과 동성애를 즐기는 것이었다고 할 수 있다. 우리는 파이드로스의 얘기에서 그 근거를 찾아볼 수 있다. 가장 좋은 근원을 주는 것이 사랑인데, 하나는 어려서 자기를 성실하게 사랑해 주는 자를 얻는 것이고, 다른 하나는 사랑하는 사람 중에서 사랑스러운 소년을 얻는 것이다. 이 두 가지 중에서도 파이드로스는 소년과의 사랑에 더 중점을 두고 말하고 있다.

평생동안 훌륭한 생활을 이끌어 주는 것은 오직 사랑뿐이다. 훌륭한 생활을 보장해 주는 것은 많다. 가문, 높은 지위, 권력, 그리고 돈도 빼놓을 수 없는 조건이다. 하지만 이런 조건도 사랑이 없다면 결코 훌륭한 생활을 이끌 수 없다. 왜 사랑이 가장 중요한 조건일까? 평생 훌륭한 생활을 한다는 것은 다른 사람에게 '부끄러운 일을 하지 않는 것'

과 '목표를 잃지 않는 것'이다. 개인이든 국가든 이 두 가지를 항상 염두에 두고 한다면 무엇이든 위대하고 훌륭한 일을 성취할 수 있다.

풍요롭고 행복한 삶을 위해 사람은 많은 일을 한다. 명예나 이름을 얻기 위해서 항상 옳고 바른 일만 하는 사람이 있는가 하면, 부끄러움을 모르거나 몰염치하고 비열하고 치사한 방법으로 명성을 얻는 사람도 있다. 어떤 경우든 우리는 여기서 사람의 참모습을 발견한다. 하지만 사랑하는 사람, 그것도 자신이 사랑하는 소년이 이 모든 것을 지켜보고 있다면 어떨까? 비열하고 더러운 방법으로도 부를 축적하고 권력을 얻으려 할까?

정당하지 못한 방법으로 부나 권력을 얻으려다 들켜 모욕을 받거나 부정한 일을 하다 욕을 먹을 수도 있다. 부모나 친구는 이런 모습을 보고 용서하거나 이해해 줄 수도 있다. 하지만 자신이 사랑하는 어린 소년은 다르다. 누구보다 자신이 사랑하는 소년이 자신의 비리나 부정한 일을 지켜보는 것을 참을 수 있는 사람은 아무도 없다는 것이 파이드로스의 생각이다. 오히려 자기가 사랑하는 소년에게 들키는 순간 너무나 참기 어려운 괴로움을 느낄 것이다. 그럼 사랑받는 소년은 어떨까? 스스로가 누군가로부터 사랑을 받고 있다는 사실을 알고 있다면 아무리 소년이라고 하여도 부끄러운 일이나 부정한 행동은 결코 하지 않을 것이다. 이렇게 누구를 사랑하거나 누군가로부터 사랑을 받고 있는 사람은 자신의 풍요롭고 훌륭한 삶을 위해 부끄러운 일을 하거나 비겁한 일을 저질러 사랑하는 사람에게 고통을 주거나 고통을 주었다는 이유 때문에 스스로 괴로워하는 일은 절대로 하지 않는다는 것이 파이드로스의 주장이다.

○ 에로스의 선물

파이드로스는 이렇게 사랑하는 사람과 사랑받는 사람은 서로에게 고통이나 괴로움을 주기 싫어하기 때문에 결코 비겁한 행위나 비굴한 행동은 절대로 하지 않고 항상 훌륭한 행동을 하고 그런 삶을 산다고 주장한다. 그렇기 때문에 서로 사랑하는 사람끼리 군대를 편성하여 전쟁터로 보낸다면 그 군대야말로 어떤 군대보다 강할 것이라고 생각했다.

동성애자끼리 모아 군대를 편성하면 우선 그들은 다른 커플과 비교할 것이다. 다른 커플에 뒤지지 않으려고 군대생활을 하는 도중 어떤 비겁하거나 치사한 일은 하지 않을 것이고, 오히려 서로 아름답고 훌륭한 일을 하려고 경쟁할 것이다. 만약 전투가 벌어지면 커플은 서로를 지키기 위해서 떨어지지 않고 나란히 전투에 참가하기 때문에 전투력이 배가된다. 이렇게 되면 이런 동성 부대는 숫자는 적을지 모르지만 전 세계에서 가장 강하고 더 나아가 전 세계를 정복하고도 남을 정도로 사기가 높을 것이다.

사랑하는 사람을 두고 전열을 이탈한다거나 무기를 버리는 어리석은 행동은 절대로 하지 않는다. 이런 초라한 모습을 보이는 것보다는 오히려 사랑하는 사람 앞에서 장렬한 전사戰死의 길을 택한다. 사실 파이드로스는 사랑하는 사람을 버리고 도망가는 사람도 없지만, 사랑하는 사람이 위험에 빠졌을 때 나 몰라라 하는 사람도 없다고 단언한다.

이런 상황에 처하면 아무리 신체적으로 병약하고 겁많은 사람도 세상에서 가장 용감한 사람으로 변할 것이다. 이렇게 겁많은 사람이 용감해지는 이유가 무엇일까?

그것은 바로 에로스다. 사랑하는 사람이 위험에 처하면 에로스는 어디에선가 나타나서 그 사람을 구할 힘을 준다고 파이드로스는 믿고 있다. 이것이야말로 에로스가 사랑하는 사람에게 주는 가장 고귀한 선물이다. 에로스의 귀한 선물이란 곧 사랑하는 사람을 위해 죽거나 죽을 각오를 하는 것이다.

사람은 남을 위해서 죽을 수도 있고 죽을 각오도 한다. 하지만 오직 사랑하는 사람을 위해서 죽을 각오를 하는 것은 특별한 일이다. 에로스의 선물 없이는 이런 각오는 있을 수 없다. 물론 에로스의 선물은 모든 사람에게 공정하게 주어져 있다. 즉 여자와 남자 구별 없이 모두 사랑하는 사람을 위해서 죽을 수도 있고 죽을 각오도 한다.

파이드로스는 그 예를 알케스티스Alkestis에서 찾고 있다. 테살리아 지방의 작은 도시 이올코스는 포세이돈의 아들 펠리아스Pelias가 통치하고 있었다. 그에게는 귀여운 공주 알케스티스가 있었다. 같은 테살리아 지방의 페라이에는 공평하기로 유명한 아드메토스Admetos가 왕으로 있었다. 바로 이 아드메토스가 알케스티스에 반해 청혼을 하였다. 하지만 펠리아스는 사자와 멧돼지에 멍에를 씌워 전차를 끌 수 있을 정도의 용맹한 사람에게 딸을 주겠다고 하였다.

다행히 아드메토스의 왕궁에는 아폴론이 잠시 머물고 있었다. 아폴론은 아들 아스클레피오스가 죽자 화가 나 외눈박이 거인 키클롭스를 죽어서 제우스로부터 근신 처분을 받고 인간세계에 내려와 있었기 때문이다. 이때 아폴론은 아드메토스 집에서 가축을 치면서 살았다. 아폴론은 아드메토스의 통치가 너무나 공정한 것에 감명받아 모든 가축이 쌍둥이를 낳게 도와주었다.

뿐만 아니라 아폴론은 사자와 멧돼지에 멍에를 씌운 전차를 만들어 아드메토스에게 줌으로 알케스티스와 결혼할 수 있게 도와주었다. 호사다마라고 했던가. 알케스티스와 결혼으로 행복에 빠져 있던 아드메토스에게 불행이 찾아왔다. 운명의 여신 모이라이가 아드메토스의 목숨을 가져가기 위해서 찾아온 것이다. 아폴론은 이번에도 아드메토스를 구하기 위해서 나선다. 운명의 여신은 아드메토스 대신에 죽어 줄 사람이 있으면 살려 주겠다고 아폴론과 약속한다. 아폴론은 아드메토스의 늙은 부모님이 아들 대신에 기꺼이 죽어 줄 것이라 믿고 그 약속을 받아들인다. 하지만 부모님은 결코 죽을 생각이 없었다. 이 사실을 안 부인 알케스티스가 남편 대신 죽겠다고 나선다.

이렇게 알케스티스는 남편 대신에 죽어 지하세계로 내려간다. 마침 헤라클레스가 자신의 임무 중 하나인 디오메데스의 암말을 처치하기 위해서 모험을 하다가 우연히 아드메토스의 집에 머문다. 헤라클레스 역시 그의 환대와 공정한 통치에 놀라 무엇인가 도와주고자 한다. 알케스티스의 아름다운 얘기를 전해 들은 헤라클레스는 바로 지하세계로 내려가 죽음의 신 타나토스와의 레슬링 시합에서 이긴 다음 알케스티스를 데리고 다시 돌아온다.

여기서 파이드로스는 알케스티스를 살린 것은 아폴론도 헤라클레

알케스티스를 위해 싸우는 헤라클레스
알케스티스의 이야기를 들은 헤라클레스는 죽음의 신 타나토스와의 시합에 이겨 그녀를 데리고 돌아온다. 프레데릭 로드 레이턴 作, 1869-1871.

스도 아니라 바로 사랑이라고 주장한다. 신은 알케스티스의 남편에 대한 진정한 사랑에 감동하고 감명을 받아 알케스티스를 살려 주었지, 아폴론이나 헤라클레스의 약속 때문에 살려 준 것이 아니라는 것이 파이드로스의 주장이다. 왜냐하면 오르페우스Orpeus와 에우리디케 Euridike 부부의 경우에는 전혀 다른 모습을 보여 주기 때문이다.

아버지가 분명하지는 않지만 아폴론으로부터 음악을 배워 음악의 아버지 혹은 전설적인 리라의 명수라는 별칭을 얻은 오르페우스는 트라키아의 왕자였다. 그의 리라 타는 솜씨가 얼마나 뛰어났으면 동물뿐 아니라 식물과 바위까지도 귀를 기울였겠는가. 이런 그가 님프 에우리디케와 사랑에 빠져 결혼한다. 행복한 순간도 잠시, 에우리디케는 산책을 나갔다 자신에게 치근덕거리는 양치기 아리스타이오스를 피해 도망가다 뱀에 물려 죽는다.

오르페우스와 에우리디케
저승의 신 하데스와 그의 부인 페르세포네를 찾아간 오르페우스는 리라 솜씨를 앞세워 에우리디케를 다시 살려달라고 애원한다. 페터 파울 루벤스 作, 1638.

에우리디케를 너무나 사랑한 오르페우스도 부인을 다시 살리기 위해서 지하세계로 내려간다. 저승의 신 하데스와 그의 부인 페르세포네를 찾아간 오르페우스는 리라 솜씨를 앞세워 부인을 다시 살려 달라고 애원한다. 음악에 심취한 하데스 부부는 눈물을 흘리며 에우리디케를 다시 살려 준다. 하지만 한 가지 약속을 지킬 것을 요구한다. 지하세계에서 나갈 때까지는 어떤 일이 있어도 뒤를 돌아봐서는 안된다는 것이었다.

지하세계의 출구에 왔을 때, 오르페우스는 갑자기 에우리디케가 잘 따라오고 있는지 무척 궁금했다. 그 궁금증을 참지 못하고 오르페우스는 하데스 부부와 한 약속을 잊고 뒤를 돌아보고 말았다. 그 순간 에우리디케는 다시 지하세계로 끌려 내려가고 말았다. 오르페우스의 고통과 슬픔을 이루 말할 수 없었지만, 약속은 약속이었다.

오르페우스는 일주일 동안 아무것도 먹지도 마시지도 않으며 지냈다. 그리고 오르페우스는 그 이후로 어떤 여자와도 관계를 갖지 않고 오직 소년만을 사랑하며 살았다. 뿐만 아니라 그는 다른 신은 전혀 믿지 않고 오직 아폴론만이 위대하다며 믿고 살았다. 이런 그의 행동에 화가 난 신들은 미친 여자들로 하여금 오르페우스를 겁탈하게 하고 여덟 조각으로 찢어 죽이게 하였다.

아내를 다시 잃은 뒤 여자의 사랑을 거절하고 남자와의 사랑을 즐겼던 오르페우스는 결국 여자의 손에 의해서 죽임을 당했다. 그리고 여자의 손에 의해서 버려졌다. 이렇게 죽은 오르페우스의 머리는 강을 따라 바다로 흘러들어가 에게해에 있는 레스보스Lesbos섬 해안에 도착했다. 그곳 주민들은 그의 머리를 예를 갖추어 잘 장사지내 주었다. 그리고 이 레스보스섬에서는 여자가 동성애를 즐기며 살았다. 우리가 잘 알고 있는 것처럼 레즈비언Lesbian은 레스보스섬의 여자가 즐기는 사랑이라는 뜻으로 여성동성애자를 지칭하는 단어가 되었다.

이렇게 파이드로스는 에로스야말로 신 중에서도 가장 나이가 많고 가장 존경받을 만한 신이라고 보았다. 그리고 이런 에로스가 준 사랑이야말로 가장 귀중한 선물이기 때문에 아주 강한 힘을 갖고 있다고 보았다. 하지만 그 사랑을 우리가 의심하거나 믿지 않으면 그 힘은 어떤 것보다 약하다. 그리고 이 사랑의 힘이야말로 아름다운 우리의 삶을 위한 원동력이며 근원이다. 행복하고 아름다운 삶을 위한 조건은 많다. 그중에서 사랑의 힘이 최고이며 그것이 동성이든 이성이든 양성이든 상관없다는 것이 파이드로스의 생각인 것 같다.

파이드로스의 동성애자 군대

받은 사랑을 되돌려 주는 것이 더 명예롭다

○ 테베의 신성대

　　　　　동성애의 원인이 무엇이든 고대 그리스 사람은 동성애에 긍정적인 면이 있다고 보았다. 파이드로스도 동성애자의 긍정적인 면을 사회나 국가가 이용할 필요가 있다고 본 것 같다. 그의 주장을 중심으로 실질적으로 고대 그리스에 있었던 동성애자 군대를 살펴보자.

　파이드로스는 이렇게 사랑하는 사람과 사랑받는 사람은 서로에게 비겁한 행위나 괴로움을 주지 않기 위해서 늘 훌륭한 행동을 하고 그런 삶을 산다고 주장한다. 그렇기 때문에 사랑하는 사람끼리 부대를 만들면 그것보다 더 강한 군대는 없을 것이라고 보았다. 우리는 파이드로스의 이 주장에서 테베의 신성대Hieros lochos를 한번 생각해 볼 수 있다.

전설적인 테베의 장군 고르기다스Gorgidas는 동성애를 즐기는 150쌍으로 이루어진 군대를 창설하였다. 동성애자 300명으로 이루어진 바로 이 군대가 그 유명한 테베의 신성대다. 이 선성대가 세상에 알려진 것은 스파르타와 최초의 전쟁에서다. 스파르타는 기원전 375년경 중무장한 군인 600명에서 1000명 정도를 두 개 부대로 나누어 테베를 공격하였다. 이 스파르타 군에 맞선 부대가 바로 테베의 신성대다. 300명의 테베 신성대는 수적으로나 무기로 보아도 열세였지만 이 전투에서 승리를 거둔다. 이것이 바로 테베의 신성대가 처음으로 승리를 차지한 테기라Tegyra 전투다.

펠로폰네소스 전쟁의 승리로 기세가 높아진 스파르타는 아테네를 비롯한 고대 그리스 본토를 차지하기 위한 야욕으로 불타 있었다. 그러나 테기라 전투에서 패배한 이후 쉽게 공격을 하지 못했다. 뿐만 아니라 펠로폰네소스 전쟁에서 패배한 아테네는 테베를 중심으로 보이오티아 동맹을 맺고 스파르타의 공격에 대비하고 있었다. 다시 그리스 반도에 영향력을 행사하고 싶었던 스파르타는 기원전 371년 다시 전쟁을 일으켜 테베를 공격하였다. 이때도 테베의 신성대는 스파르타 군대를 맞이하여 레욱트라Leuktra에서 크게 승리하였다. 레욱트라 전투에서 패한 스파르타는 결국 펠로폰네소스 전쟁 승리 이후 그리스 반도 전역에 행사하던 영향력을 잃고 만다.

엄격한 훈련과 동성애로 뭉친 신성대는 테베의 최정예부대로 항상 전투의 최전방에 배치되어 그 임무를 수행했다. 이렇게 테베의 신성대는 30여 년 동안 어떤 누구도 넘볼 수 없는 강한 군대로 성장하였다. 하지만 이들의 운명도 너무나 강한 마케도니아 기병대 앞에서는 어쩔 수 없었다.

마케도니아의 필리포스 2세는 그리스 반도를 넘어 페르시아를 정복하려는 웅대한 꿈을 키우고 있었다. 부전자전이라고, 알렉산드로스의 꿈도 아버지와 같았다. 하지만 이 꿈을 이루기 위해서는 테베와 아테네가 중심이 된 보이오티아 연합군이 늘 걸림돌이었다. 결국 필리포스는 북부 그리스의 도시국가를 중심으로 동맹을 맺고 기원전 338년 보이오티아 연합군을 공격하였다. 마케도니아 동맹을 맞아 가장 치열하게 전투를 펼친 부대가 바로 테베의 신성대였다. 알렉산드로스의 잔인성은 여기서도 나타났다. 카이로네이아Chaeroneia 근교에서 알렉산드로스의 기병대는 철저하고도 잔혹하게 테베의 신성대를 괴멸시켰다. 300명 중 254명이 죽고 나머지는 포로로 잡히거나 부상당했다. 테베의 신성대는 이렇게 카이로네이아 전투를 마지막으로 역사에서 사라졌다. 이 역사적인 사건을 전해 들은 필리포스 2세는 눈물을 흘리며 테베의 신성대를 칭송했다고 한다.

고르기다스는 대부분 부대는 주로 부족이나 가족으로 구성되어 있다는 사실을 알았다. 이렇게 구성된 부대는 쉽게 패하거나 전투 자체를 포기한다는 사실도 알았다. 사랑하는 사람에게 부끄러운 모습을 보이는 사람은 없다고 판단한 고르기다스는 사랑의 힘으로 군대를 만들면 어떨까 하고 생각했다. 이렇게 테베의 신성대는 창설되었고, 고르기다스가 생각한 것처럼 이 군대는 사랑의 힘을 바탕으로 최고의 전투력을 발휘하였다.

파이드로스의 생각도 비슷했다. 사랑하는 사람끼리 군대생활을 한다면 어떤 비겁하거나 치사한 일은 하지 않을 것이고, 오히려 서로 아름답고 훌륭한 일을 하려고 경쟁할 것이다. 특히 자신이 사랑하는 사람이 포위되거나 위험에 처하면 절대로 그냥 두지 않을 것이며, 자신의 목숨을 던져서라도 구해 낼 것이다. 이런 군대야말로 천하무적이라 할 수 있다.

물론 『향연』에서 파이드로스가 이런 동성애자로 구성된 부대를 주장한 시기는 테베의 신성대가 첫 전투를 치른 것보다 무려 50년 정도 앞서 있다. 잘은 모르지만 고르기다스는 파이드로스의 생각을 실행시킨 장군이라고 할 수 있다. 사회적 환경설이 보여 주듯이 고대 그리스에서 동성애는 크게 문제 되지 않았다. 어느 나라나 마찬가지지만 옛날에는 여자는 항상 남자로부터 무시당하고 살았으며, 지위도 훨씬 낮았다. 특히 고대 그리스에서는 동성애를 하는 남자야말로 다른 남자보다 훨씬 격이 높을 뿐 아니라 더 고귀한 삶을 살고 있다고 믿었으며, 이 동성애를 통해 보다 진하고 돈독한 우정을 나눌 수 있다고 믿었다. 파이드로스도 당시 고대 그리스의 이런 동성애라는 사회적 환경에 대한 인식에서 벗어나지 못한 것 같다.

O 죽음을 마다한
아킬레우스의 복수

알케스티스와 다르게 현악기를 연주하기를 좋아하고 약한 심성을 가진 오르페우스와 그의 부인 에우리디케는 전혀 다른 모습을 보여 주었다. 그 이유를 파이드로스는 여자도 남자만큼 강한 사랑을 갖고 있다는 것을 예로 들어 설명하였다. 모든 사람은 사랑에 빠지면 자신의 능력보다 더 뛰어난 일을 할 수 있다는 것이 파이드로스의 주장이다. 그 대표적인 여자가 바로 알케스티스라고 할 수 있다. 반면 오르페우스는 사랑의 힘이 약했기 때문에 에우리디케도 구하지 못하고 결국 자신도 여자의 손에 의해서 죽었다고 파이드로스는 보았다.

여기서 파이드로스는 알케스티스만큼이나 강한 사랑을 가진 남자를 소개한다. 바로 아킬레우스다. 사랑하는 사람 앞에서 결코 부끄러운 일을 하지 않고 악을 저지르지 않으며 용기 있는 행동을 하는 것이 바로 사랑이며, 이런 사랑을 잘 실천한 남자가 아킬레우스라는 것이다. 아킬레우스도 사랑하는 사람이 있었기 때문에 국가나 사회 혹은 개인을 위해 위대하고 훌륭한 일을 성취할 수 있었다고 본 것이다. 신들도 아킬레우스의 훌륭하고 위대한 행동을 영예롭게 보았기 때문에 죽은 다음 축복받은 섬으로 보내 주었다는 것이 파이드로스의 생각이다.

아킬레우스가 누군가? 그렇다. 그 유명한 트로이 전쟁의 원인을 제공한 테티스의 아들이다. 그리고 서사시 『일리아스』의 도입부는 바로 이 아킬레우스의 분노로 시작된다. 그만큼 아킬레우스는 트로이 전쟁의 중심인물이다. 잘 알려진 것처럼 그의 아버지는 테살리아 지방 프티아의 왕 펠레우스Phleus다. 펠레우스는 헤라클레스와 절친한 친구로 아마조네스 원정에도 참여한 장군이다.

그리고 아킬레우스의 어머니는 바다의 요정 테티스다. 테티스가 얼마나 아름다웠던지 제우스와 포세이돈은 물론 수없이 많은 남자 신이 구혼하였다. 미인박명이라고 했던가! 아름다운 여인에게는 무엇인가 사람의 힘으로 풀 수 없는 그림자가 있는 게 만고불변의 진리였나 보다. 많은 남자가 아름다운 바다의 요정 테티스에게 구혼했지만, 신탁은 그녀에게 시련을 내렸다. 즉 테티스는 장차 결혼하여 아들을 낳을 것이고, 그 아들은 아버지보다 더 뛰어나 올림포스 신전을 장악할 것이라는 신탁이 내려졌다. 이 신탁을 들은 제우스를 비롯한 올림포스 신들은 깜짝 놀라 구혼을 모두 포기하고 말았다.

구혼을 포기할 뿐 아니라 제우스는 테티스가 절대로 신과 결혼할 수 없다고 명령하였고, 결국 테티스는 인간인 펠레우스와 결혼할 수밖에 없었다. 이 결혼식에 초대받지 못한 불화의 신 에리스는 불만을 품고 '이 세상에서 가장 예쁜 여신에게'라는 문구를 넣은 황금사과를 던짐으로 트로이 전쟁을 알리는 서막이 되었다.

엄마의 마음은 같은 것. 아킬레우스를 얻은 테티스는 장래가 너무 궁금하여 신탁을 찾았다. 신탁의 답은 간단하였다. 트로이 전쟁에 참여하면 요절하겠지만 명예와 업적을 남길 것이고, 참여하지 않으면 일개 촌부로 오래 살 것이라는 것이 신탁이었다. 테티스는 후자를 택했다. 테티스는 아킬레우스를 여자로 변장시켜 스키로스의 리코메데스 궁정에 보내 베를 짜고 악기를 배우며 살게 했다.

반면 그리스 연합군은 트로이 연합군에 밀려 전쟁에서 이길 방법이 없었다. 그리스 연합군을 이끌었던 오디세우스는 그리스의 예언자 칼

케이론과 아킬레우스
아킬레우스에게 리라를 가르치는 케이
론. 헤르쿨라네움의 로마 프레스코.

카스를 찾아 어떻게 하면 전쟁을 이길 수 있냐를 물었다. 이번에도 신탁은 간단했다. 아킬레우스만 있으면 전쟁은 승리한다는 것이었다. 오디세우스는 아킬레우스가 여자로 변장하여 숨어 있다는 사실을 알고 꾀를 냈다. 오디세우스는 공주에게 선물한다며 여자가 좋아할 장신구를 준비하여 리코메데스 왕궁으로 갔다. 그리고 그 장신구와 함께 아킬레우스가 좋아할 무기도 함께 숨겨서 접근했다.

소년시절 케이론이라는 현자로부터 학문과 무술을 배웠고, 누구보다 빠르게 달릴 수 있는 능력까지 갖춰 강인한 전사로 자란 아킬레우스 아닌가. 비록 여자로 숨어 살면서 리코메데스의 장녀 데이다메이아와 사랑에 빠져 아들 네오프톨레모스를 낳았지만 전사의 본능은 숨길 수 없었다. 무기를 보는 순간 온 몸에 전율을 느낀 아킬레우스는 조용히 오디세우스의 군대에 가담하였다.

이렇게 하여 아킬레우스는 트로이 전쟁에 참여하게 되었다. 테티스도 아들의 뜻을 막을 수 없었지만 신탁의 말은 전했다. 트로이 전쟁에 참여는 하지만 트로이 연합군 사령관이며 트로이의 왕자인 헥토르만은 절대로 죽이지 말라는 것이었다. 헥토르를 죽이면 아킬레우스도 죽는다는 신탁이 있었기 때문이다. 이런 어머니의 당부를 듣고 아킬레우스는 트로이 전쟁이 참여하였다. 그래서 그런지 처음 아킬레우스는 트로이를 직접 공격하지 않고 트로이 연합군을 공격하여 많은 공을 세웠다. 그러던 중 트로이로부터 좋지 않은 소식이 전해왔다. 그것은 바로 아킬레우스가 사랑한 파트로클로스의 죽음이었다.

사랑하는 사람이 죽었다는 말을 전해 들은 아킬레우스는 어머니의 당부도 모두 잊고 헥토르를 죽여야겠다는 강한 투지로 불타 올랐다. 아킬레우스는 트로이를 공격하여 헥토르를 죽이며 많은 전공을 세우고 명예와 영예도 얻었다. 그러나 아킬레우스는 트로이의 또 다른 왕자이며 전쟁의 원인을 제공한 파리스가 쏜 독화살에 발뒤꿈치를 맞아 죽고 말았다.

결혼 후 아킬레우스를 잉태한 테티스는 어떻게 하면 아들이 죽지 않을까 고민에 빠진다. 자신은 요정이지만 남편은 인간이기 때문에 언젠가는 아킬레우스도 인간처럼 죽을 것이라는 것이 올림포스의 불문율이었기 때문이다. 생각 끝에 테티스는 아킬레우스가 태어나자마자 바로 저승의 강인 스틱스 강을 찾아 갔다. 바로 이 스틱스 강에 몸을 담그면 불사의 몸이 된다는 것을 테티스는 너무나 잘 알고 있었다. 불사의 몸이 되면 아들 아킬레우스도 죽지 않을 것이기 때문이다.

아킬레우스가 너무나 어렸기 때문에 스스로 스틱스 강에 몸을 담글

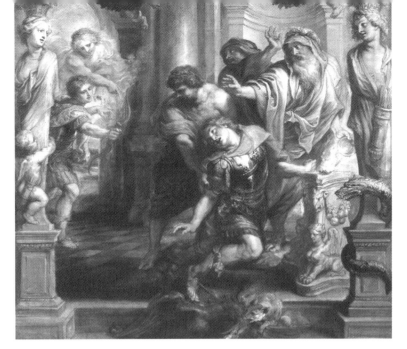

아킬레우스의 죽음
파리스의 독화살에 발뒤꿈치를 맞아 죽어가고 있는 아킬레우스. 페터 파울 루벤스 作, 17세기경.

수 없었다. 그래서 테티스는 아킬레우스의 발뒤꿈치를 잡고 강물에
몸을 담갔다. 이때 테티스가 잡은 아킬레우스의 발뒤꿈치에는 스틱스
의 강물이 닿지 않았다. 그래서 아킬레우스의 다른 모든 부분은 불사
의 몸이 되었지만 발뒤꿈치부분만은 아니었다. 이 치명적인 약점 때
문에 아킬레우스는 항상 자신의 발뒤꿈치부분만은 노출시키지 않으
려 노력하였다. 하지만 파리스는 아킬레우스의 이 약점을 너무나 잘
알고 있었고, 활에 능한 파리스는 정확하게 그곳을 겨냥하여 아킬레
우스를 죽일 수 있었던 것이다.

오늘날 아킬레스건으로도 잘 알려진 아킬레우스의 약점은 이렇게
생겨났다. 테티스의 어떤 노력에도 불구하고 아킬레우스가 신탁의 뜻

을 피할 수 없었던 것은 바로 사랑하던 사람 파트로클로스라고 파이드로스는 보고 있다. 아킬레우스는 충분히 어머니의 생각처럼 살 수 있었다. 아킬레우스는 여자로 변장하면서까지 어머니의 뜻에 따르려고 했다. 하지만 트로이에서 날아든 사랑하는 사람의 죽음만은 더 이상 그를 가만히 두지 못했다.

○ 받은 사랑은
사랑으로 되돌려 줌으로 보답

동성애자가 생기는 원인이 무엇일까? 오늘날 많은 학자는 여러 가지 학설을 주장하고 있다. 그중에 '성적 격리설'과 '사회적 환경설'이 있다. 성적 격리설은 주변에 동성밖에 없는 경우 동성애자가 생길 수 있다는 주장이다. 예를 들어서 군대나 교도소처럼 동성끼리만 함께 생활하는 곳에서는 일시적으로 동성애자가 생겨난다는 것이다. 하지만 이 성적 격리설의 특징 중 하나는 성적으로 격리된 상황에서 벗어나는 순간 동성애자에서도 벗어난다는 것이다.

또 다른 원인인 사회적 환경설은 사회의 대부분 사람들이 그런 환경에 노출되어 있는 것을 말한다. 특히 고대 그리스의 경우 사회적 환경에 따라 동성애자의 수가 많았다는 것이다. 당시 대부분의 남자는 동성애를 즐겼기 때문에 동성애에 대한 원인이나 이유를 묻지 않고 그렇게 행동했다는 것이 바로 사회적 환경설이다.

파이드로스는 이런 사회적인 환경을 충분히 감안하고 동성애에 대

아킬레우스와 파트로클로스
부상을 당한 파트로클로스의 팔에 붕대를 감아 주고 있는 아킬레우스.

해서 주장한 것 같다. 물론 이런 사회적 환경에 따른 동성애가 부정적이거나 사회에 악영향을 끼친다면 달랐을 것이다. 하지만 이런 동성애가 결코 부정적으로 비치지 않았기 때문에 파이드로스는 자신 있게 동성애적인 사랑과 심지어 군대까지도 주장하지 않았나 생각된다.

이런 관점에서 아킬레우스도 마찬가지다. 아킬레우스에게 우리가 던지는 의문은 정말 아킬레우스가 자신의 죽음까지 포기할 정도로 파트로클로스를 사랑했다는 것인가? 파이드로스는 아니라고 말한다. 호메로스도 파트로클로스가 아킬레우스보다 나이가 훨씬 많다고 한다. 그렇다면 왜 아킬레우스는 테티스의 경고에도 불구하고 파트로클로스를 위해서 죽음까지 불사했을까?

파이드로스에 따르면 아킬레우스는 트로이 전쟁에 등장하는 어떤 영웅보다 젊었고 아름다웠다고 말한다. 외모도 어렸고 수염도 나지 않았다고 표현하고 있다. 이런 아킬레우스를 다른 영웅들이 사랑한 것이다. 즉 아킬레우스는 다른 나이 많은 영웅들의 사랑을 받은 영웅이다. 그리고 아킬레우스는 자신이 받은 사랑을 그들에게 사랑으로 되돌려 주었던 것이다. 자신을 사랑한 사람에게 사랑으로 답하는 것이야말로 최고의 사랑이라고 파이드로스는 주장한다.

그래서 신들도 이런 아킬레우스의 사랑에 감탄하여 아킬레우스를 다른 어떤 트로이 전쟁에 참여한 영웅보다도 더 훌륭한 영웅으로 만들었다는 것이다. 신들이 이런 아킬레우스의 사랑에 감탄하고 사랑의 덕을 귀하게 여겨 존중하였다는 것이 파이드로스의 주장이다. 자신을 사랑한 사람에게 사랑을 되돌려 준 아킬레우스의 사랑이야말로 남편을 사랑하여 지하의 세계까지 내려간 알케스티스보다 더 명예롭고 존경의 대상이 되는 것이다.

파우사니아스의 육체적 사랑

아프로디테를 빼고 사랑을 논할 수 없다

○ 두 명의 에로스 신의 탄생

『향연』의 주제는 사랑이다. 사랑이라는 주제답게 플라톤은 이 저서에서 사랑에 대해서도 다양하게 서술하고 있다. 파이드로스가 에로스야말로 가장 오래된 신이고 고귀한 신이기에 사랑의 힘 역시 아주 강하다고 주장하자, 함께 참석한 파우사니아스는 무슨 소리냐며 파이드로스를 나무란다. 만약 에로스가 단 한 명이라면 파이드로스의 주장을 믿겠지만, 두 명의 서로 다른 에로스가 있다면 얘기는 달라진다는 것이 파우사니아스의 주장이다.

고대 그리스 신화에 따르면 사랑의 신은 에로스다. 그리고 이 에로스는 미의 여신 아프로디테의 아들이다. 우리가 알고 있는 사랑의 신은 에로스뿐이다. 그런데 파우사니아스는 둘이라고 주장한다. 그 이유는 간단하다. 에로스가 아프로디테의 아들인데, 바로 이 아프로디테가 둘이라는 것이다. 아프로디테가 둘이면 당연히 그 아들도 둘이어야 한다는 것이 파우사니아스의 주장이다. 사실 고대 그리스 신화에 따르면 아프로디테는 두 명이 맞다. 하나는 우라노스의 성기에서 태어난 아프로디테이고, 다른 하나는 제우스와 디오네 사이에서 태어난 딸이다. 후자는 호메로스의 주장이고, 전자는 헤시오도스의 생각이다.

헤시오도스의 『신통기』에 따르면 가이아는 어떤 누구의 도움도 없이 혼자 세 명의 자식을 두었고 우라노스와의 사이에서도 많은 자식을 두었다. 그중에서도 가장 유명한 자식은 외눈박이 거인 키클롭스 삼 형제와 100개의 팔과 50개의 머리를 가진 헤카톤케이레스 삼 형제다. 가이아와 다르게 우라노스는 이 6형제의 추한 모습과 흉한 몰골을 늘 싫어했다. 결국 우라노스는 이들을 지하세계인 타르타로스에 감금하고 말았다. 아무리 추하고 흉한 모습의 아들이지만 모성애는 부성애와 또 다른가 보다. 우라노스가 이들을 지하세계에 가두자 화가 난 가이아는 우라노스와 함께 낳은 또 다른 아들 크로노스와 공모하여 우라노스를 제거할 계획을 세운다.

헤시오도스는 가이아와 크로노스가 공모한 계획에 대해 『신통기』 176 이하에서 잘 설명하고 있다. 우라노스가 가이아와 사랑을 나누기 위해서 대지 위에 눕는 순간 땅속에 숨어 있던 크로노스는 왼손으로는 우라노스를 감싸고, 오른손에 들고 있는 낫으로 우라노스의 성기를 잘라 바다에 던지고 말았다. 우라노스는 신이고, 신은 죽지 않기 때문에, 그의 성기도 불사였다. 불사인 성기는 흰 거품을 일으키며 바

아프로디테의 탄생
산드로 보티첼리 作, 1485년경.

다를 떠돌다 키프로스 섬에 도달하였다. 해변에 도착한 이 흰 거품 속에서 날씬하고 존경스러우며 너무나 아름다운 여인이 걸어 나왔다. 사람들은 이 광경을 보고 거품에서 나온 사람이란 뜻으로 아프로디테라는 명칭을 붙여 주었다.

호메로스는 헤시오도스와 다르게 『일리아스』에서 아프로디테는 제우스의 딸이라고 쓰고 있다. 가이아는 우라노스와 결혼하여 많은 자식을 두는데, 그중에서 바다를 관장하는 신으로 오케아노스가 있다. 이 오케아노스는 자신의 누이와 결혼하여 3,000명의 딸을 낳는다. 이들을 오케아노스의 딸이라는 뜻으로 오케아니데스라고 한다. 그 많은 오케아니데스 중 한 명이 디오네이다. 호메로스에 따르면 바로 이 디오네가 제우스와 결혼하여 낳은 자식이 바로 아프로디테라는 것이다.

고대 그리스 신화가 얼마나 신빙성이 있는지는 여전히 의문이다. 작가마다 서로 다른 주장을 하고 있기 때문에 누구의 말이 옳은지 우리는 알지 못한다. 어찌 되었던 헤시오도스의 『신통기』와 호메로스의 『일리아스』는 고대 그리스 신화를 있게 한 주요 저서임에 틀림없다. 아마도 파우사니아스도 당시 아테네에 끼친 호메로스와 헤시오도스의 영향을 충분히 감안하여 두 명의 아프로디테를 주장한 것 같다. 파우사니아스의 주장처럼 아프로디테가 둘이면 그의 아들 에로스도 분명 둘임에 틀림없다.

○ 판데모스 아프로디테의
저속한 사랑

우라노스의 성기에서 생겨난 아프로디테는 어머니가 없이 태어난 여신이다. 제우스와 디오네 사이에서 태어난 아프로디테는 부모가 있는 여신이지만 나중에 태어났기 때문에 더 어리다. 즉 두 아프로디테 중 한 명은 나이가 많고 늙은 반면 다른 한 명은 젊다. 파우사니아스는 이 두 명의 아프로디테를 구별하기 위해 서로 다른 이름을 주었다. 우라노스에서 태어난 아프로디테는 우라니아 아프로디테라 하였고, 디오네의 딸을 '모든 민중' 혹은 '저속'이란 의미로 판데모스Pandemos 아프로디테라고 하였다.

고대 그리스 신화에 따르면 제우스를 비롯한 대부분의 신은 질투가 심하고 성질이 고약하다. 그래서 인간은 신을 섬기지 않고는 결코 살수 없게 되어 있다. 인간이 자신을 찬미하거나 섬기지 않으면 신은 포

판데모스 아프로디테
디오네가 제우스와 결혼하여 낳은 아
프로디테를 '모든 민중' 혹은 '저속'이
란 의미로 판데모스 아프로디테라 하
였다. 샤를 글레르 作, 1854.

악하고 잔인하게 복수를 한다. 반면 자신을 잘 섬기는 인간에게는 복
과 행운을 항상 내려 준다. 이렇게 함으로 인간이 신을 더 잘 섬기리
라 믿었던 것 같다. 그래서 신은 정말 못된 존재인 것 같다. 하지만 인
간의 생각은 신의 생각과 달랐다. 아무리 잔인하게 복수하고 복과 행
운을 내려 준다고 해서 인간이 모든 신을 무서워하거나 찬미하며 섬
긴 것은 아니다.

일반적으로 인간은 신을 찬미하거나 섬기고 잘 모신다. 그러나 인
간은 신을 찬미하거나 섬김에 있어서 나름대로 생각과 계산이 있었
다. 인간은 먼저 신의 본성을 먼저 파악한다. 그리고 신의 성격을 구
별한 다음 찬미할 것인가 말 것인가를 결정한다. 왜냐하면 인간도 술
을 마시거나 노래를 부르며 삶을 즐기기도 하고 사랑을 한다. 물론 술
을 마시고 노래 부르는 것이 그 자체로 아름답다고는 할 수 없다. 하
지만 가무행위가 어떻게 행해지느냐에 따라 아름다울 수도 있다. 가

무행위에 아름답고 바른 것이 있는지 모르지만, 바르게만 행해진다면 결코 이런 행위를 우리는 추하다고 하지 않을 것이고 아름답다고 할 수 있다.

사랑도 마찬가지다. 판데모스 아프로디테는 신이기 때문에 인간은 찬미하고 섬긴다. 하지만 사랑이라는 행위가 가무행위와 같이 항상 아름답고 올바른 것은 아니다. 사랑이라는 행위 자체가 추하고 아름답지 못하게 이루어지면 바르지 못하고, 반대로 아름답게 행해진다면 그 사랑은 올바르다. 그런데 판데모스라는 단어가 보여 주듯이 저속하고 많은 사람이 나누는 사랑이 바로 판데모스 아프로디테다. 즉 에로스는 바로 이 판데모스 아프로디테의 아들이기 때문에 이런 사랑은 결코 아름답고 바르지 못하다는 것이 파우사니아스의 주장이다.

판데모스 아프로디테의 아들 에로스는 본성이 저속하고 행동도 자기 멋대로다. 그래서 사랑의 대상도 멋대로 정한다. 기본적으로 저속한 사랑을 추구하기 때문에 사랑의 대상에도 일관성이 없다. 어떤 때는 여자를 좋아했다가 또 어떤 때는 남자를 좋아하기도 한다. 즉 판데모스의 아들 에로스는 이성애자가 아니라 양성애자다. 이 에로스는 어리고 젊어서 사랑이 무엇인지 잘 모르다 보니 영혼보다 육체를 더 사랑하여 지혜롭거나 고귀한 사람보다 저속하고 어리석은 사람을 사랑의 대상으로 택한다.

이렇게 영혼보다 육체를 더 사랑하고 이성애자가 아니라 양성애자인 이 에로스는 그들에게는 삶에 궁극적인 목적이나 목표가 없이 눈앞에 보이는 목적만 이루고자 하는 생각이 강하다. 그래서 이런 사랑에 심취한 사람은 자신이 하는 일이 좋은 일인지 바른 일인지 전혀 생각하지 않고 아무렇게나 행동한다.

판데모스 아프로디테의 아들 에로스가 이런 본성을 가진 가장 큰 이유는 무엇보다 어리고 젊기 때문이라는 것이 파우사니아스의 생각이다. 예나 지금이나 젊은 사람은 영혼보다 육체에 더 관심이 많으며, 성정체성 역시 확고하지 못한 것 같다. 특히 성정체성의 문제를 놓고 자신이 이성애자인지 동성애자인지를 고민하는 사람 중에 나이가 많은 사람은 그렇게 많지 않다. 여전히 어린 나이의 젊은이만이 자신의 성정체성 문제로 고민하지 않는가!

○ 우라니아 아프로디테의
동성애적 사랑

판데모스 아프로디테가 남자와 여자 사이에서 태어난 반면, 우라니아는 남자의 성기에서 태어난 아프로디테다. 그렇기 때문에 에로스도 어머니가 누구냐에 따라서 성적 취향이나 성정체성도 다르다는 것이 파우사니아스의 주장이다. 판데모스 아프로디테의 아들 에로스와 다르게 우라니아 아프로디테의 아들 에로스는 오직 남자만을 사랑하게 하는 사랑의 신이다. 이 에로스는 여자는 전혀 사랑하지 않고 오직 소년만을 사랑한다. 오늘날 우리가 게이라고 표현하는 동성애자가 여기에 속한다.

파우사니아스는 이런 남자와 남자 간의 동성애적 사랑을 그 어떤 사랑보다 고귀하고 좋은 사랑이라고 한다. 우라니아 아프로디테는 판

우라니아 아프로디테
우라노스에서 태어난 아프로디테는 우라
니아 아프로디테라 하여, 판데모스 아프
로디테와 구분하였다. 크리스티안 그리
에펜켈 作, 1878.

데모스보다 나이가 많기 때문에 오히려 지혜롭고 넓은 혜안을 갖고
있다. 그렇기 때문에 이 여신은 절대로 방종에 빠지는 사랑은 하지 않
는다. 이런 여신의 신령한 기운을 받은 사람은 어떤 경우에도 여자는
사랑하지 않고 남자, 즉 소년만을 사랑하게 되는 것이다. 파우사니아
스에 따르면 우라니아 아프로디테의 사랑을 받은 남자는 지혜롭고 용
맹하기 때문에 자신보다 더 지혜롭고 용맹한 소년을 사랑할 수밖에
없다고 한다. 이런 이유 때문에 남자가 아닌 다른 사람을 사랑할 수
없는 것이다.

그렇다고 아무 소년이나 사랑하는 것은 아니다. 우라니아 아프로디
테의 아들 에로스의 도움을 받은 사람은 좋은 사람과 나쁜 사람을 구
별할 줄 아는 능력이 있다. 그렇기 때문에 어떤 경우에도 철없는 소년
을 사랑하거나 사랑에 빠지는 일은 없다. 스스로 이성을 갖고 그 이성
에 따라 행동할 나이가 되어야 우라니아의 아들 에로스의 도움으로

사랑을 하기 때문이다. 그럼 이렇게 이성에 따를 때가 언제일까? 파우사니아스는 수염이 날 때쯤이라고 표현하고 있는 것으로 보아 사춘기 시절이 아닌가 싶다.

이 나이에는 평생을 함께 할 사람에게만 사랑에 빠지기 때문에 절대로 다른 사람에게는 눈도 주지 않는다. 때문에 소년을 고르는 것도 아주 신중할 수밖에 없다. 수염이 나기 전의 소년은 감성이 이성보다 앞서기 때문에 잘못하면 사랑에 빠진 이후 서로 아끼거나 존경하지 않고, 미워하거나 싫증을 느껴 다른 소년과 사랑에 빠지거나 매료될 수 있다. 그래서 파우사니아스는 사랑을 하는 나이나 사랑의 대상으로서 소년의 나이가 중요하다고 말한다.

파우사니아스는 비록 우라니아 아프로디테의 사랑이 동성애적 사랑이고 소년에 대한 사랑이지만 아주 진지하게 설명하고 있다. 사랑을 해야 할 나이와 이성의 필요성 외에도 국가에서 이들의 사랑을 이해하고 보호해야 한다는 것까지도 주장하고 있다. 그래서 필요한 것이 바로 법률이다. 세칭 사랑법이라고 할 수 있다. 법으로 가장 먼저 정해야 하는 것은 철없이 사랑에 빠지거나 철없는 소년을 사랑하는 사람에 대한 징계문제다. 즉 철없는 소년을 사랑하는 것을 금하는 법을 가장 먼저 정해야 한다는 것이 파우사니아스의 주장이다.

성장하는 소년의 미래를 아는 사람은 아무도 없다. 특히 소년의 맑은 영혼이 잘못된 사랑으로 엉망이 될 수도 있다. 특히 소년은 누구보다 지혜롭고 용맹하게 자라야 한다. 잘못된 사랑으로 이들의 영혼이나 육체가 망가지는 것을 국가가 막아야 한다는 것이 파우사니아스의 주장이다. 법률로 정하는 이유는 소년을 보호하기 위해서이기도 하지만 어른의 무분별한 행동을 막기 위해서도 중요하다. 훌륭하게 성장한 어른은 소년의 미래가 국가나 사회에 어떤 영향을 끼칠지 잘 알고 있다. 그렇기 때문에 어른은 소년을 보호해야 한다. 어른은 국가와 사회를 위해서 소년을 사랑하는 모든 것, 나이와 방법 등에 대한 법을 제정하고 스스로 지켜야 한다.

법은 양면성을 갖고 있다. 법은 한편으로는 지켜야 하는 대상이기도 하지만, 다른 편으로는 법을 어긴 사람을 벌하기도 한다. 소년에 대한 사랑법은 비겁하고 야비한 방법으로 소년을 사랑하는 사람을 벌하기 위해서도 꼭 필요하다. 한 소년과 사랑에 빠지면 평생 그 소년만 사랑하라는 것이 파우사니아스의 사랑법의 대표적인 것이다. 그런데 비열하게도 소년을 버리고 여자와 사랑에 빠지는 남자도 있다. 법은 이를 막아야 한다는 것이다.

○ 선진국에만 있는 사랑법

파우사니아스는 판데모스 아프로디테처럼 남자와 여자를 모두 사랑하는 것을 비천한 사랑이라고 보았다. 그리고 우라니아 아프로디테의 사랑을 고귀하고 품위 있는 사랑이라고 했다. 남자와 여자를 동시에 사랑하거나 남자를 사랑하다 여자를 사랑하는 남자 때문에 소년만을 사랑하는 고귀한 사랑이 욕을 먹는 일이 없게 법으로 막자는 것이다. 사랑법, 그것이 가능한지는 모르지만 파우사니아스가 제의한 내용을 보면 더 재미있다. 당시 아테네를 제외한 다른 도시국가에서는 사랑법이 관습법으로 자리 잡고 있다는 것이다.

동성애에 대한 사랑법을 정하는 기준이 무엇인가에 따라 이 법이 좋은 법일 수도 있고 나쁜 법일 수도 있다. 파우사니아스에 따르면 사랑이란 아름다운 것이다. 그리고 사랑하는 사람을 즐겁게 해 주고 이 아름다운 사랑을 함께 정성스럽게 가꾸어 가는 것을 누가 잘못되었다고 말할 수 있을까? 그리고 이렇게 사랑하는 이를 위해 노력하는 것에는 남녀노소 구별이 없다. 오히려 사랑법을 정해 남녀노소가 나누는 아름다운 사랑을 보호하고 가꾸고 육성시키는 것이 국가가 할 일이라는 것이 파우사니아스의 주장이다.

당시만 하여도 문화적으로 앞선 도시국가가 있는가 하면 그렇지 못한 도시국가도 있다. 파우사니아스는 이를 노골적으로 야만인이 정치를 하는 국가와 그렇지 못한 국가로 나누었다. 학문을 사랑하는 것과 체육을 사랑하는 사람이 있듯이 사람을 사랑하는 것도 기호다. 개인의 기호를 국가에서 막을 수는 없다. 국가는 백성의 학문이나 체육과 같은 문화생활을 보호하듯이 사랑생활도 법으로 보호해야 한다. 그렇기 때문에 절대적으로 사랑법이 필요하다.

그렇다면 누가 법을 막고 있는가? 당연히 전제군주나 통치자다. 전제군주나 통치자는 지나치게 가정의 중요성을 강조하다 보니 동성애를 즐기는 노인이나 소년을 가정파괴범으로 몰고, 그들의 행위 자체를 흉측한 일이라고 규정한다. 그리고 동성애적인 사랑을 진정한 사랑이라고 생각하지 않고 좋지 못한 습관이나 타고난 나쁜 습성 때문이라

규정하고 막고 있다. 이런 야만적인 정신을 가진 전제군주나 통치자의 권위와 망상은 어디에서 나올까? 그것 또한 피지배자의 아부에서 나온다. 즉 피지배자가 그들의 통치자를 그렇게 만든 것이다. 이렇게 피지배자의 힘을 이양 받은 전제군주나 통치자는 야만적인 성격과 습성을 버리지 못하고 동성애자를 나쁜 사람으로 몰아간다는 것이 파우사니아스의 주장이다. 그렇기 때문에 법이 꼭 필요하다고 보았다.

참 재미있는 얘기다. 오늘날 여러 선진국에서는 동성애법을 비롯해 성소수자를 위한 법제정 문제를 놓고 고민하고 있다. 어쩌면 파우사니아스는 우리보다 약 2,300년은 앞서 간 사람인 것 같다. 오늘날 동성애법으로 고민하는 나라가 어디 한두 곳인가! 유럽과 미국의 몇 개 주에서는 이미 동성애 결혼은 물론 입양까지 허용하면서 동성애를 법으로 인정하고 동성애자를 국가차원에서 보호하고 있으며, 그 수는 점점 늘어나고 있다. 오직 후진국에서만 동성애법을 반대하고 심지어 동성애자를 정신병자로 취급하고 있다. 파우사니아스가 동성애자를 위해 사랑법을 만들자는 주장이 새롭게 주목되는 부분이다.

06

아리스토파네스의 사랑
에로스는 완전한 것에 대한 욕망과 추구다

○ 태초의 인간모습은 달랐다

파이드로스나 파우사니아스는 사랑이야말로 가장 아름다운 것이라고 한다. 아름다운 만큼 사랑은 힘을 갖고 있다. 사랑이 힘을 갖는 이유는 곧 에로스라는 신 때문이다. 물론 에로스가 가진 힘의 근원은 그의 어머니 아프로디테라고 할 수 있다. 어찌 되었든 에로스가 갖고 있는 사랑의 힘을 받은 사람은 사랑을 하게 되고, 그렇기 때문에 사랑의 힘은 무엇보다 강하다. 결국 사랑의 힘은 에로스 신이 갖고 있는 힘과 마찬가지다.

여기도 다른 질문이 가능하다. 만약 사랑이 에로스로부터 나오는 것이 아니라면 어떻게 될까? 『향연』에서 아리스토파네스가 던진 질문이다. 아리스토파네스는 신의 힘과 인간의 존경 내지 숭배는 비례한다고 보았다. 즉 인간으로부터 존경받고 많은 찬미를 받으며, 성전과

아리스토파네스

제단을 쌓고 제물을 많이 바치는 신은 강하고 힘이 있으며, 그렇지 못한 신은 나약한 신이다. 에로스의 경우는 어떤가? 아리스토파네스는 그렇게 보지 않는다. 에로스가 어떤 신보다 인간을 더욱 사랑하고 도와주고 아픈 곳을 치료하는 것은 분명하다. 그러나 그를 위해 성전이나 신전을 짓고 기도하거나 제물을 바치는 사람은 많지 않다. 이런 의미에서 에로스는 단지 인간에게 최대의 행복을 가져다주는 의사와 같은 존재지 결코 성전이나 신전을 지어 숭배하는 신은 아니다. 그 이유는 무엇일까?

아리스토파네스는 그 이유를 인간의 탄생에서 찾고 있다. 고대 그리스 신화에 따르면 제우스의 명을 받은 프로메테우스와 에피메테우스 형제는 인간을 창조했다. 즉 신이 인간의 창조자이기 때문에 신은 인간의 생명을 좌지우지할 수 있다. 이를 두려워한 인간은 신을 존경하고 신전을 짓고 제물을 바쳐 생명을 구한다. 그리고 인간은 피조물이기 때문에 사랑의 문제도 신에게 의존하고 신의 뜻에 따른다. 하지만 아리스토파네스는 인간의 탄생을 조금 다르게 본다.

태초의 인간의 모습은 오늘날 인간의 모습과 많이 달랐다는 것이 아리스토파네스의 주장이다. 오늘날 인간의 성性은 남성과 여성, 이렇게 두 가지 성이지만, 자연 상태에 있던 인간의 성은 크게 세 가지로 나누어져 있었다는 것이다. 제삼의 성은 바로 남녀성이다. 그리고 인간의 모습도 오늘날과 다르게 자연 상태에서는 다른 모습이었다. 태초의 인간은 오늘날의 두 사람이 등을 맞대고 붙어 있는 모습이었다. 그래서 태초의 인간은 팔, 다리, 눈, 귀가 모두 네 개였으며, 코, 입, 그리고 성기는 두 개였지만 머리는 하나였다. 이들은 몸이 둥글었기 때문에 굉장히 빨리 달릴 수 있었다. 여덟 개의 팔다리를 이용하여 굴러 다닐 수 있었기 때문에 그것이 가능했다.

이들 인간은 처음에는 태양에서 남성이 태어났으며, 다음으로 땅에서 여성이 태어났다. 그리고 마지막으로 달에서 남녀성이 태어났다. 이들의 모습을 보면 두 몸에 한 머리를 하고 있었기 때문에 사실 두 개의 얼굴과 같다. 그래서 사방을 모두 볼 수 있고 느낄 수 있기 때문에 대단한 능력을 갖고 있었다. 뿐만 아니라 강한 네 개의 다리와 팔은 무서운 힘을 발휘할 수 있었기 때문에 굉장한 야심가였다. 그래서 이들은 신도 무서워하지 않고 시간과 여유가 있으면 공격하였다.

인간의 공격을 받은 제우스를 비롯한 신들은 어떻게 하면 인간의 공격에서 벗어날 수 있을까를 고민했다. 제우스는 자신의 무기인 번개로 모든 인간을 죽이려 했다. 하지만 인간이 없으면 자신을 공경하거나 제물을 바칠 사람이 없어지기 때문에 일단 망설였다. 그렇다고 오만방자한 그들의 행동을 지켜보고만 있을 수도 없었다. 그래서 제우스를 비롯한 여러 신은 인간의 힘을 약화시켜 다시는 횡포나 난폭한 행동을 하지 못하게 하기로 결정했다. 그래서 신들은 인간을 반으로 나누기로 결정하였다. 그러면 인간의 힘은 약해지지만, 인간의 수는 배로 늘어나 신을 공경하는 사람도 많아지고, 바치는 제물의 양도 많아지기 때문에 일거양득이라는 것이다.

○ 자신의 반쪽을 찾아
동성애에 빠지다

이렇게 하여 제우스는 인간을 반으로 나누고, 아폴론은 나누어진 인간을 다시 온전한 사람으로 만드는 일을 담당하였다. 제우스가 사람을 반으로 나누었기 때문에 찢어진 부분을 아폴론은 실로 꿰맸다. 찢어진 부분을 꿰매고 마지막 실밥으로 매듭지은 것이 바로 오늘날 인간의 배꼽이 되었다. 이렇게 되고 보니 배와 등이 바뀌었고, 머리는 여전히 등 쪽에 붙어 있었다. 아폴론은 머리를 180도 회전시켜 현재의 모양으로 만들었다.

하지만 신의 뜻과 다르게 이들은 일을 한다거나 가족을 꾸리거나 신을 공경하기보다 나누어지기 전의 나머지 반쪽을 그리워하거나 찾아다니기만 했다. 이렇게 만난 사람은 서로 부둥켜안고 아무 일도 하려 하지 않았다. 서로 목을 끌어안고 붙어 있기만 했지 아무것도 먹지 않고 아무런 일도 하지 않았다. 결국 이들은 모두 굶어 죽거나 죽어가고 있었다.

제우스는 그 이유가 참 궁금했다. 비록 나누어지긴 했지만 완전한 인간이 된 다음 서로 헤어진 반쪽을 찾았으면 당연히 행복한 나날을 보내야 하는 것이 아니겠는가. 하지만 그들은 그렇지 못했다. 제우스는 한참 후에 그 이유를 알았다. 이렇게 반으로 나누어진 인간이 하나같이 우울한 나날을 보내고 있었던 것은 태초의 인간이 오늘날 인간

모습과 다르게 바깥쪽으로 성기가 돌출되어 있었기 때문이었다. 배와 등이 바뀌고 머리가 180도로 회전되었지만 여전히 성기는 뒤에 있었던 것이다. 이런 상태에서 이들은 서로 사랑을 나눌 수가 없었던 것이다. 뒤늦게 이 사실을 안 제우스는 그들의 성기를 앞으로 당겨 완전한 인간의 모습으로 만들어 주었다.

그 결과 수가 늘어나고 힘도 약해진 인간은 신을 섬기고 제물도 바치며 잘사는 것 같았지만 또 다른 하나의 문제가 불거졌다. 그것은 바로 동성애라는 것이다. 신이 바랐던 것은 남자와 여자가 서로 사랑하여 더 많은 자식을 낳고 자신들을 숭배하고 제물을 바치는 것이었지만, 실질적으로 인간들은 가족을 꾸릴 생각을 전혀 하지 않고 동성애에 빠졌다. 아니 정확하게 표현하면 신의 눈에 비친 인간의 모습은 동성애든 이성애든 사랑에 빠져 있는 것처럼 보였다.

왜 그럴까? 제우스가 놓친 또 하나는 태초의 남성과 여성이다. 태초의 남성과 여성은 비록 반으로 나뉘어 다른 짝을 만나 생활하지만 여전히 본래의 반쪽에 대한 그리움이 남아 있는 것이다. 그래서 태초의 남성과 여성은 자신의 반쪽을 항상 그리워하며 찾아다닌다. 이것이 신의 눈이나 태초의 남녀성의 눈에는 동성애로 비친 것이다.

여자끼리 사랑을 나누거나 사랑에 빠진 레즈비언은 태초의 여성이 자신의 반쪽을 찾아 사랑에 빠진 경우이며, 게이로 불리는 남자의 동성애도 같은 경우다. 하지만 아리스토파네스는 남자의 동성애에 대해서는 조금 다르게 서술하고 있다. 당시 여자 동성애보다 남자 동성애가 더 사회적인 문제를 갖고 있었기 때문으로 보인다.

○ 남성 간의 동성애가
훌륭한 이유

　　　　　　　　　　　태초의 남성이나 여성 모두 자신의
반쪽을 찾아 동성애자가 되기는 마찬가지다. 그러나 여자보다 비교
적 바깥활동이 많은 남자의 경우는 동성애적인 사랑도 활발하게 이루
어진다. 태초의 남성이었던 남자는 스스로를 다른 남성의 반쪽이라고
생각한다. 하지만 누가 자신의 다른 쪽인지 모른다. 그래서 남자는 바
깥활동을 시작하는 소년시절부터 자신의 반쪽을 찾아 나선다. 그래서
소년시절부터 다른 남자를 좋아하고 함께 있기를 바라며, 심지어 같
이 잠자리를 하기도 한다. 소년시절부터 이렇게 적극적으로 자신의
반쪽을 찾는 남자는 누구보다 용감하고 소년들 가운데서도 뛰어난 능
력을 가진 자라고 아리스토파네스는 주장한다.

　물론 이런 소년의 행동이 못마땅한 사람도 있다. 심할 경우 파렴치
한 사람이라고 욕하기도 한다. 반대로 이런 소년을 오히려 용기 있고
담대하며 사내답다고 주장하는 사람도 있다. 오히려 서로 다른 이런
주장이 자신의 반쪽을 찾는 소년에게는 힘이 되며, 동성애든 자신의
반쪽을 찾든 소년을 찾는 어른에게도 환영받을 일이다. 소년을 원하
는 동성애자 어른은 용기 있고 담대하며 사내다운 어린 소년을 좋아
하지 않을 이유가 없기 때문이다. 그리고 어른들은 이런 소년이야말
로 장차 정치에 관심을 갖고 어른이 되면 국가와 사회를 위해 큰일을
할 인물이라고 보았기 때문이다.

　물론 이런 소년들도 성인이 되면 일부는 결혼하고 자식을 낳고 가

가니메데스의 납치

가니메데스의 미모에 반한 제우스가 독수리로 변신해서 그를 납치했다. '가니메데스의 납치'는 미소
년과의 동성애를 상징적으로 나타내고 있다고 한다. 페터 파울 루벤스 作, 1612.

족을 꾸리며 살고, 또 일부는 결혼하지 않고 혼자 살면서 자신이 그랬

던 것처럼 어린 소년의 사랑을 받기 위해서 노력하거나, 어린 소년과

동성애를 하며 지내게 될 것이다. 바로 여기서 우리는 어린 소년의 사

랑을 받는다는 것이 얼마나 힘들고 중요한 일인지 알 수 있다. 소년의

사랑을 받고 자란 어른도 소년의 사랑을 받기 원한다. 사람은 자신과

06_ 아리스토파네스의 사랑

닮은 사람을 좋아하기 때문이다.

문제는 정말 자신의 반쪽을 만났을 때다. 많은 남자는 자신의 반쪽이 누군지 몰라 찾아다닌다. 그렇게 만난 남자가 자신의 반쪽이 아닐 수도 있다. 하지만 사랑에 빠지고 진정으로 자신의 반쪽을 만났다면 어떻게 될까? 이런 경우 아리스토파네스는 그들이 일생을 함께한다고 주장한다. 정말로 잃어버린 자신의 반쪽을 만난 태초의 남성은 우정과 사랑에 완전히 사로잡혀 평생 함께하면서 잠시라도 떨어져 있지 않으려 한다는 것이 아리스토파네스의 생각이다.

태초의 남성이 나뉘었다가 다시 만나 평생을 함께한다면, 이들은 무엇을 하며 살까? 다른 사람의 눈에 이들은 동성애로 보일지 모르지만 그들은 그러한 것은 전혀 중요하지 않다. 그들에게는 성적인 결합도 중요하지 않고 매일같이 사랑을 나누는 것도 중요하지 않다. 그들은 단지 함께 있고 싶은 것뿐이다. 그들은 두 사람이기 때문에 영혼도 둘이다. 두 개의 서로 다른 영혼은 서로 다른 것을 원하거나 찾을 수도 있다.

이들의 영혼은 둘이지만 몸은 하나다. 그래서 그들은 늘 함께 있지만 영혼이 원하는 것이 서로 다르기 때문에 무슨 생각을 하는지 모른다. 중요한 것은 그들이 함께한다는 것이다. 아리스토파네스는 대장장이의 신인 헤파이스토스가 할 수만 있다면 이들을 녹여 하나로 만들어 줄 때 그들은 가장 행복해할 것이라고 보았다. 이렇게 그들이 원하는 것은 아무것도 없고 태초의 모습처럼 다시 한 몸이 되는 것이다.

왜 자신의 반쪽을 찾는 남자는 태초의 남성이 되고 싶어 할까? 아리스토파네스의 생각은 간단하다. 먼저 그것이 그들의 본래의 모습이며, 둘째는 그 모습이 완전한 모습이기 때문이다. 즉 완전한 모습에 대한 욕망이 그들이 추구하는 유일한 것이며 전부다. 바로 이 측면에서 아리스토파네스는 완전한 것에 대한 욕망과 그것에 대한 추구를 에로스라고 하였다.

○ 인간의 완전함은
에로스로 시작된다

플라톤의 『향연』에서는 당시 에로스에 대해 잘 알고 있는 사람이 모여 자신이 생각하는 사랑에 대한 얘기를 나누고 있다. 아리스토파네스는 원래 에로스에 대해서 조금 일찍 말하도록 순서가 잡혀 있었다. 그러나 아리스토파네스가 순서가 되어 에로스에 대해서 얘기하려 할 때 갑자기 재채기가 심하게 나왔다. 술에 너무 취한 아리스토파네스는 너무나 심한 재채기를 하는 바람에 얘기를 할 수 없어서 순서가 조금 뒤로 밀렸다. 아리스토파네스의 태초의 남성이니 반쪽이나 하는 이런 주장을 듣는 오늘날 우리는 정말 그의 생각이 '재채기 같은 소리다'라거나 술에 취해 한 헛소리라고도 할 수 있다.

하지만 우리는 여기서 『향연』에서 함께 에로스에 대해서 얘기한 파이드로스나 파우사니아스와 아리스토파네스를 구별하여야 한다. 즉 동성애를 남성에게만 국한시키지 않고 여성의 동성애도 주장했다는 것이다. 물론 희극작가였던 아리스토파네스는 작가적인 상상력이나 공상력을 발휘하여 태초의 남성, 여성 혹은 남녀성과 같은 일반 사람의 상상을 초월하는 주장을 하고 있다. 게다가 아리스토파네스의 주장은 신이 태초의 인간을 나누었다는 것이기에 더욱 중요했다.

태초의 인간은 신이 어찌할 수 없을 정도로 힘이 강했다. 이런 인간의 힘을 줄이기 위해서 신은 인간을 둘로 나누었다. 그래서 인간은 본래의 힘을 잃어버리고 신에게 복종할 수밖에 없었다. 나뉘었던 인간이 다시 만났을 때, 그들은 항상 붙어 있기를 원한다. 그래서 한 몸이 되기를 바란다. 그러나 안타깝게도 아무리 한 몸이 되어 붙어 있어도 영혼이 둘임은 어쩔 수 없다. 그래서 헤파이스토스가 합쳐만 준다면 언제든지 그렇게 하겠다고 했다. 영혼도 하나가 되고, 몸도 하나가 다시 된다면 어떻게 될까? 다시 신에게 도전할 것이다.

아리스토파네스의 동성애적 사고 속에는 신보다 강한 인간을 꿈꾸고 있는지도 모른다. 문제는 한번 나눈 인간을 신이 또 나누지 말라는 법이 없다. 현재의 인간이 다시 반으로 나누어지면 어떻게 될까? 인간은 그나마 있던 힘마저 잃어버리고 더 이상 아무런 힘도 없어질 것이다. 이렇게 되면 신은 인간을 완전하게 장악하게 되고, 인간은 완전한 신의 노예가 되고 말 것이다.

완전한 것에 대한 욕망과 그것에 대한 추구를 아리스토파네스는 에로스라고 했다. 신을 공격하고 신을 이기려 했던 나쁜 짓을 한 인간, 그에 대한 대가가 바로 자신의 찢어짐이었다. 찢어짐의 아픔을 알았고, 고통을 알기에 인간은 스스로 신 앞에서 너무나 단아하고 정숙하게 살며, 신을 경외하고 만사 신의 뜻에 만족하며 살아야 했다.

이제 에로스를 이용하여 새로운 운명을 준비해야 한다. 신의 능력과 권위에 도전했던 인간은 쪼개지는 아픔을 경험하고 겨우 살아남았다. 그리고 이제 다시 반쪽을 찾아 원래의 강한 모습으로 돌아가려 한다. 이것을 해결하는 데 도와줄 수 있는 신은 에로스뿐이다. 이렇게 에로스는 강한 인간이 되기 위한 지도자이며 통솔자라고 아리스토파네스는 보았다. 많은 다른 신들은 에로스를 미워하거나 적대시한다. 에로스를 통해 사랑의 기쁨도 고통도 맛보아야 하기 때문이다. 아무리 강한 신이라고 해도 에로스에게 잘못 보이면 사랑의 기쁨보다는 고통을 경험하기 때문이다. 그러나 인간은 에로스를 멀리할 필요가 없다. 오히려 신이 싫어하는 에로스를 인간은 친구로 만들거나 잘 사귀어야 한다.

만약 에로스의 힘으로 소년의 사랑을 받는 남자가 많이 늘어나고 소년은 본연의 자세로 많은 남자로부터 사랑을 받는 사회가 된다면 그 국가나 사회는 당연히 행복한 나라가 될 것이라는 것이 아리스토파네스의 생각이다. 즉 에로스야말로 동성애를 통해 모든 남성을 하나로 만들어 남성에게는 행복을 주지만 인간에게는 태초의 모습으로 돌아가 강한 인간을 만들 수 있기 때문이다.

가장 쉬운 것이 가장 고귀한 법이다. 동성애를 통해 하나가 된다는 것, 태초의 모습으로 돌아간다는 것, 신보다 강한 힘을 얻는다는 것. 이 모든 것을 신이 알면 엄청 화를 낼 일이다. 그러나 인간은 에로스를 등에 업고 조용히 그 힘을 길러야 할 일이기도 하다. 바로 이렇게 아리스토파네스는 에로스만이 유일하게 인간을 완전하고도 강하게 만들 수 있다고 믿었다.

이런 관점에서 본다면 아리스토파네스가 태초의 남성, 여성, 그리고 남녀성을 중심으로 얘기한 동성애에 관한 주장은 재채기 같은 얘기도, 술에 취한 헛소리도 아닌 신에 도전하는 인간의 모습을 말하고 있음을 우리는 잘 알 수 있다.

페리클레스의 사랑

사창가를 경영한 여류철학자 아스파시아

○ 페리클레스와 아스파시아

　　　　　　　　참주와 절대군주의 공통점은 독재를 한다는 것이고, 차이점은 주권이 누구에게 있느냐는 것이다. 군주는 세습으로 이루어지지만, 참주는 시민의 선거로 이루어진다. 역사에서 페리클레스의 평가는 다양하지만, 참주제를 폐지시키고 민주제를 이룩했다는 것은 큰 업적 중에 하나다. 민주제를 실현하면서 페리클레스는 아테네 귀족과 등을 돌려야 했다. 그 이유는 힘없고 가난한 서민의 지위를 귀족과 같다고 보았기 때문이다.

　기원전 480년 아테네는 페르시아의 공격을 받아 살라미스 해전을 치른다. 이 해전에서 승리를 이끈 아테네의 지도자는 테미스토클레스다. 전쟁이 많았던 그리스 사람은 항상 스스로 무기를 챙겨야만 했다. 귀족은 돈이 많았기 때문에 주로 기병이나 중무장보병으로 전투에 참여하

페리클레스

였다. 귀족만큼은 아니지만 돈이 조금 있던 그리스 시민은 방패, 창, 칼, 등을 들고 전쟁에 참여하였다. 그러나 정말 가난한 서민은 아무런 무기도 없이 참여해야 했다.

그러나 살라미스 해전은 달랐다. 페르시아를 무찌른 그리스의 도시국가, 특히 아테네는 델로스 동맹을 중심으로 해군의 중요성을 강조하였다. 이때 누구보다 자신의 중요성을 느낀 계급층은 가난한 서민층이었다. 지금까지 전쟁은 무기로 하는 것이었지만, 살라미스 해전 이후 전쟁은 배로 하는 전쟁이었다. 가난한 서민도 자신의 힘이 없이는 노를 저을 사람이 없고, 노를 젓지 못하면 해전에서 이길 수 없다는 사실을 알게 되었다.

이런 가난한 서민의 심정을 가장 잘 이용한 아테네의 지도자가 바로 페리클레스다. 팔뚝 힘만으로 귀족의 기마병과 같은 대접을 받는다는 사실에 가난한 서민도 스스로 놀랐다. 이런 서민의 놀라움은 페리클레스의 정치적 기반이 되었고, 그것을 바탕으로 페리클레스는 아테네를 지배할 수 있었다. 뿐만 아니라 델로스 동맹국을 어르고 달래서 오늘날 아테네를 완성했던 것이다.

페리클레스가 델로스 동맹을 아테네 편으로 끌어들이고, 서민을 등에 업을 수 있었던 무기는 무엇이었을까? 많은 사상가는 페리클레스

의 웅변술에서 그 답을 찾는다. 당시
정치가의 첫 번째 덕목은 웅변이다. 정
연한 논리와 수사학적인 기술을 바탕
으로 다른 사람을 설득하기 위한 웅변
은 정치가에게는 빼놓을 수 없는 무기
였다. 페리클레스의 웅변술이나 수사
학적 기술에 대해서 모든 역사가와 사
상가가 하나같이 칭찬을 아끼지 않는
다. 바로 이런 점에서 우리는 페리클레

아스파시아

스의 두 번째 부인 아스파시아를 주목한다.

지금의 터키 서쪽 해안 이오니아 지방의 한 도시국가 밀레토스에서
태어난 아스파시아Aspasia, B.C. 470년경-B.C. 420년경 는 아테네의 여성 철학
자이자 수사학자로 잘 알려져 있다. 심지어 소크라테스도 아스파시아
의 웅변술에 감탄할 정도였다고 한다. 플루타르코스에 따르면 아스파
시아는 이오니아 여인 타르겔리아Thargelia를 모방했다고 한다. 타르겔
리아는 대단한 미인일 뿐 아니라 우아하고 영리한 자태로 수많은 그
리스 사람과 친하게 지냈다. 당시 이오니아 지방은 아테네 식민지 지
역으로 그리스 사람이 많이 살았고, 페르시아는 이 지역을 그리스로
부터 되찾으려 노력하고 있었다. 바로 이 식민지 지역에서 타르겔리
아는 사창가를 운영하였다. 타르겔리아는 페르시아 왕으로부터 은밀
하게 명을 받고 자신이 경영하는 사창가의 여자들과 그리스 사람들을
연결시켜 주었다. 그리고 이 여자를 통해 그리스 사람들에게 페르시

아에 대한 호의적인 생각을 갖도록 영향력을 행사하였다.

아스파시아는 바로 이런 권력을 쥐고 있고 영향력을 행사하는 타르겔리아를 보고 스스로도 그런 길을 택했다는 것이 플루타르코스의 생각이다. 즉 아스파시아는 페리클레스와 같이 권력과 영향력을 갖고 있는 사람에게도 거리낌 없이 다가갔던 것이다. 페리클레스도 아스파시아를 첫눈에 사랑하게 되었다. 불행한 그의 결혼생활도 한몫했지만, 무엇보다 아스파시아의 매력에 빠진 것이다.

○ 여성웅변가로서 아스파시아

고대 그리스에서는 전쟁이 많아서인지 아테네에서는 전몰자를 위한 추도사가 일상이었다. 그리고 실질적으로 몇 가지 추도사도 전해지고 있다. 플라톤의 대화편 『메넥세노스』도 그 전몰자를 위한 추도사와 관련 있다. 특히 펠로폰네소스 전쟁에 패한 아테네는 새로운 아테네 건설을 위해 많은 노력을 기울였다. 그리고 스파르타와 코린토스와도 평화협정을 맺으면서 아테네는 안정을 찾아간다. 바로 이 시기 아테네는 전쟁에서 전몰자 장례식을 거행하고 추도 연설을 하였다.

전몰자를 위한 추도식이 아테네에서 열린다는 소문과 함께 평의회에서 추도식날 직접 작성한 추도사를 낭독할 사람을 뽑는다는 소식이 삽시간에 아테네 전역에 퍼져 나간다. 당시 18살가량의 젊은 철학도 메넥세노스는 정치에 뜻을 둔 야망가였다. 메넥세노스는 소크라테스를 찾아와 추도사를 낭독할 사람이 정해질 것 같다고 전한다. 이 말을 전해 들은 소크라테스는 먼저 다른 연설가의 단점을 지적한다. 대부분의 연설가는 현실성이 없다는 것이다.

대개 연설가는 죽은 사람의 공을 너무 지나치게 과대포장하는 경향이 있다. 그래서 전몰자는 갑자기 더 커지고 더 고귀해지고 훌륭한 사람으로 둔갑하고 만다. 뿐만 아니라 연설을 듣는 청중은 연설자의 과대포장에 현혹되어 갑자기 애국자가 되고 죽은 사람이나 남은 가족을 위해 무엇인가 해야 할 것 같은 사명감에 불타게 된다.

소크라테스의 이런 비판을 듣던 메넥세노스는 소크라테스에게 추도사를 직접 작성하여 낭독하는 것이 어떠냐고 묻는다. 지체 없이 소크라테스는 자신은 아스파시아의 제자이기 때문에 충분히 할 수 있다고 한다. 즉 소크라테스는 콘노스Konnos로부터는 시가를 배우고 아스파시아로부터 웅변을 배웠기 때문에 그 정도는 아무런 문제없이 잘할 수 있다는 것이다. 메넥세노스도 아스파시아가 유명한 웅변가이며 페리클레스의 웅변술에도 영향을 끼친 것에 대해서 잘 알고 있었다.

뿐만 아니라 아스파시아도 추도사를 공모하고 있다는 사실을 이미 알고 있었다. 그리고 아스파시아는 이미 준비한 추도사를 소크라테스에게 들려주었던 것이다. 이렇게 전해 들은 아스파시아의 추도사를 소크라테스는 다시 메넥세노스에게 들려준다. 플라톤의 대화편『메넥세노스』에는 이런 내용이 잘 담겨 있다.

아스파시아는 밀레토스에서 아테네로 옮긴 다음 철학 살롱을 운영하였다. 많은 사상가는 이 철학 살롱이란 말 대신에 유곽이란 표현을 쓰기도 하고 사창가라는 표현을 쓰기도 한다. 무엇이든 아스파시아

소크라테스와 토론하는 아스파시아
아테네 사람들이 아스파시아를 찾는 가장 큰 이유는 수사학과 웅변술을 배우기 위해서라는 것이다.
니콜라 앙드레 몽시오 作. 'The Debate Of Socrates And Aspasia', 1800.

는 이오니아의 타르겔리아처럼 아테네의 영향력 있고 권력이 있는 사람에게 접근하기 위해서 노력한 것은 분명하다. 이렇게 해서 페리클레스에게 접근했고, 그의 부인이 되었다. 플루타르코스에 따르면 소크라테스도 제자들과 함께 아스파시아를 보러 여러 차례 철학 살롱을 방문하였다고 한다. 뿐만 아니라 소크라테스의 친구들은 부인과 함께 아스파시아를 찾아가 그녀의 연설을 들었다고도 한다.

소크라테스나 그의 제자 혹은 친구는 아스파시아가 어떤 직업에 종사하고 있는지에 대해서는 전혀 개의치 않은 것으로 보인다. 아스파시아는 젊은 매춘부를 이용하여 아테네의 고위직에 있는 사람을 고객으로 끌어들였다. 물론 당시 이런 아스파시아의 행동은 명예롭기는커녕 입에 올리기에도 부끄러운 것이었다. 하지만 당시 아테네에서는 아스파시아와 관계를 맺는 순간 아무리 천한 사람도 일류 시민이 되었다.

대화편 『메넥세노스』에서 메넥세노스도 분명하게 밝히고 있지만 아테네 사람들이 아스파시아를 찾는 가장 큰 이유는 수사학과 웅변술을 배우기 위해서라는 것이다. 고대 그리스는 여자의 사회활동이 제한되던 시절이다. 그러나 수사학과 웅변술에 뛰어났던 아스파시아는 고위관료와 영향력 있는 유명 인사를 마음대로 주무르는 능력을 발휘하였다.

○ 지와 미를 겸비한 아스파시아

아테네에 철학 살롱을 연 아스파시아는 살롱을 운영하는 것에 그치지 않고 규칙적으로 웅변을 하고 수사학을 가르치는 역할도 하였다. 서양 철학사에서 철학의 시작은 탈레스로부터다. 그리고 이 탈레스가 바로 이오니아 지방 밀레토스 출신이다. 탈레스 이후 이오니아 지방은 이오니아 학파를 형성하면서 새로운 학풍을 만들었다. 바로 이 지방 출신인 아스파시아가 아테네에서 직접 철학 살롱을 운영하고 가르친다는 소문에 많은 철학자가 모일 수밖에 없었다. 아스파시아는 아테네에 새로운 학풍을 만든 셈이다. 어쩌면 플라톤의 아카데미아나 아리스토텔레스의 리케이온보다 먼저 아스파시아는 아테네에 철학 살롱을 열었다고 할 수 있다.

이런 이유 때문에 소크라테스, 소포클레스, 에우리피데스를 비롯한 많은 사상가와 당시 아테네의 엘리트들이 이 철학 살롱을 찾았다. 그래서 소크라테스도 아스파시아를 수사학의 스승이라고 주장하는 것 같다. 아스파시아의 이런 능력은 아마도 아버지로부터 물려받은 것 같다. 플루타르코스에 따르면 아스파시아의 아버지는 밀레토스 지방에서도 유명한 악시오코스Axiochos다. 악시오코스는 플라톤만큼이나 유명한 대화록을 저술한 사상가다.

이렇게 지와 미를 겸비한 아스파시아를 페리클레스는 한눈에 사랑하게 된다. 사실 페리클레스는 첫 번째 결혼이 그렇게 평탄하지 못했다. 당시 페리클레스는 첫 번째 부인과 두 아들을 두고 있었다. 페리클레스의 첫 번째 부인은 먼저 가까운 친척과 결혼하여 아들 한 명을 낳았다. 이후 페리클레스와 결혼하여 두 번째 아들을 낳는다. 첫 번째 아들은 본성이 방탕하여 젊고 사치스러운 아내를 얻었다. 하지만 페리클레스는 아주 엄격하여 결혼한 아들에게도 용돈을 많이 주지 않고 꼭 필요한 만큼만 주었다. 화가 난 아들은 아버지의 부정적인 부분과 쉽게 결단을 내리지 못하는 나쁜 성격에 대해서 다른 사람들에게 발설하였다. 뿐만 아니라 어머니와의 불화도 함께 얘기하였기에 아테네 시민들은 두 사람의 좋지 않은 관계를 알게 되었다.

펠로폰네소스 전쟁이 한창일 때 아테네에는 장티푸스가 돌았고 페리클레스와 두 아들도 이 병에 걸렸다. 그러나 두 아들이 먼저 죽는다. 첫 번째 아들은 병으로 죽을 때까지 페리클레스와의 관계가 풀리지 않았다고 한다. 두 번째 아들에 대한 생각은 조금 달랐던 것 같다.

두 번째 아들이 죽었을 때 페리클레스는 처음으로 울었다고 플루타르코스는 전하고 있다. 아내와 결혼생활이 결코 평탄하지 않았던 페리클레스는 결국 부인의 동의를 얻어 법적으로 이혼한 다음 다른 남자에게 아내를 준다.

첫 번째 아내와 이혼한 페리클레스는 자신에게 다가오는 아스파시아를 피하지 않고 결혼한다. 하지만 플루타르코스는 페리클레스와 아스파시아는 정말로 사랑했기 때문에 결혼했다고 주장한다. 두 사람은 열렬하게 사랑했고 아들 하나를 얻었다. 이 아들을 사랑했는지 아니면 아스파시아를 사랑했는지 분명하지 않지만 페리클레스는 이 아들을 자신의 호적에 올리고 자신의 이름을 주었다. 성장한 아들 페리클레스는 아버지 뒤를 이어 아테네의 유명한 장군이 되었다. 특히 해군으로 출전하여 펠로폰네소스 군인들을 물리쳤다.

철학 살롱을 운영하고 사창가를 경영하면서 아테네 고위관료를 마음대로 주물렀던 아스파시아. 역사에서는 아름다움과 지적인 면을 두루 갖춘 여자로 표현되고 있다. 그렇기 때문에 당시 많은 사상가와 엘리트들은 스스로 그녀의 제자임을 자청하였다. 아테네를 고대 그리스의 위대한 도시국가로 건설한 페리클레스도 이런 측면에서는 결코 예외가 될 수 없었다.

○ 영웅을 지배한 아스파시아

아스파시아가 어떤 여인이었는지 분명하지 않다. 분명한 것은 페리클레스의 연인이며 부인이었다는 것뿐이다. 첫 번째 부인과 다르게 페리클레스와 아스파시아는 정말 사랑했던 것 같다. 특히 페리클레스는 아스파시아의 뜻에 잘 따랐던 것 같다. 한 가지 좋은 예가 밀레토스에 대한 페리클레스의 생각이었다. 아스파시아는 자신의 고향 밀레토스가 사모스뿐 아니라 페르시아로부터도 공격받고 싶지 않길 바랐던 것 같다.

아스파시아의 부탁을 받은 페리클레스는 밀레토스에 머물면서 이 문제를 해결하였다. 강한 군사력과 힘을 가진 사모스는 밀레토스를 단숨에 점령하고도 남을 정도였지만 페리클레스의 아테네가 전쟁에 개입하면서 상황은 달라졌다. 사모스는 아테네의 공격에도 굴하지 않고 밀레토스를 점령하려 했지만, 결국 페리클레스의 공격에 사모스의 귀족은 인질로 잡히고 과두정치체계는 무너져 민주정이 수립되었다.

사모스의 많은 귀족과 과두정을 옹호하던 사람들은 많은 돈을 페리클레스에게 건네며 도와줄 것을 호소하였다. 여기에 호시탐탐 이오니아 지방을 되찾으려는 야망을 갖고 있던 페르시아에게도 큰돈을 내놓았다. 플루타르코스에 의하면 페리클레스는 그 많은 뇌물 중 한 푼도 받지 않고 사모스를 공격하였다. 전쟁은 쉽게 끝나지 않았다. 사모스와 페르시아가 함께 페리클레스의 아테네 함선을 공격하였기 때문이다. 하지만 페리클레스의 작전과 용감한 군대는 결국 사모스를 함락하고 승리를 이끌어 내었다.

사모스와 전쟁에서 승리했지만 아테네와 다른 델로스 동맹의 피해는 너무나 컸다. 이런 상황 속에서 사랑하는 연인의 말을 듣고 그녀의 고향을 지키기 위해 무리하게 원정을 시도한 페리클레스에 대한 불신도 함께 높아갈 수밖에 없었다. 이후 이들은 페리클레스의 주장을 받아들이지 않았다. 페리클레스가 아테네 시민에게 전쟁 참여를 종용하면, 그들은 시민투표를 통해 결정하자고 제의했다. 이렇게 아테네뿐 아니라 델로스 동맹과의 관계가 나빠지면서 페리클레스는 위기에 처했다.

이때 메가라가 가장 먼저 페리클레스에 반기를 들고 일어난다. 메가라는 사실 아테네 사람들이 모든 상권과 항구를 장악하고 있었다. 페르시아의 공격에 두려움을 느낀 그리스 도시국가는 델로스 동맹을 맺고 많은 분담금을 냈지만, 페리클레스는 그것을 페르시아의 공격에 대비하거나 동맹국을 위해 사용하지 않고 아테네 건설과 발전을 위해서만 썼다. 메가라 시민은 이런 불합리한 상황에서 벗어나겠다며 델로스 동맹의 공통법과 맹세를 앞세우고 나섰던 것이다. 메가라의 이런 움직임에 델로스 동맹국도 술렁이기 시작했다.

결국 페리클레스는 메가라에 사신을 파견하기로 결정했다. 그러나 이 사신은 메가라 시민의 사주를 받은 사람에 의해서 죽고 만다. 아테네 시민은 흥분하여 메가라를 공격하겠다며 공통법을 폐지하자고 요구한다. 이에 메가라 시민도 같이 대응한다. 여기서 플루타르코스는 메가라 시민이 얼마나 화가 났는지 아스파시아를 통해 다시 한 번 언급한다. 메가라의 창녀가 아테네 귀공자에게 납치되자 화가 난 메가라 사람은 분노와 고통을 참지 못하고 아스파시아 창녀 둘을 죽임으로 앙갚음했다고 전한다.

결국 페리클레스가 사모스를 공격하고 다른 델로스 동맹국에 대한 지원이 미온적인 것은 모두 아스파시아 때문이라는 것이다. 이런 생각은 델로스 동맹국뿐 아니라 아테네 시민도 갖고 있는 공통적인 생각이다.

아스파시아는 분명 페리클레스의 연인이며 부인이었다. 뿐만 아니라 소크라테스가 인정한 유명한 웅변가이며 수사학자다. 하지만 역사에서는 아스파시아를 고급 창녀라고도 표현한다. 아스파시아가 유명한 철학자이든 고급 창녀든 분명한 것은 아테네의 페리클레스를 움직인 여자라는 것이다. 페리클레스는 역사에서도 인정한 당대의 영웅이다. 그 영웅을 좌지우지한 여자가 아스파시아라고 할 수 있다. 남자는 세계를 지배하고 여자는 밤을 지배한다는 오늘날 교훈을 다시 한 번 새기게 한 사랑이 바로 페리클레스와 아스파시아가 아닐까 생각된다.

리시스트라테의 사랑

섹스는 전쟁도 막을 수 있다

○ 펠로폰네소스 전쟁으로 지친
스파르타와 아테네

기원전 431년부터 시작된 스파르타
와 아테네의 펠로폰네소스 전쟁은 404년까지 지속되었다. 물론 두 나
라는 이 기간 동안 계속 전쟁을 한 것은 아니다. 몇 차례 휴전이 있었
지만 전쟁을 치르는 두 나라 사람은 지칠 만큼 지쳤다. 특히 전쟁은
남자가 주로 하다 보니 여자는 집에서 집안일과 자식을 키우는 일을
담당할 수밖에 없다. 그러다보니 전쟁이 길어지면 질수록 남자든 여
자든 모두 지치기는 마찬가지다.

기원전 425년 아테네의 장군 클레온은 필로스 전투에서 스파르타
연합군의 장군과 병사 수백 명을 포로로 잡았다. 이를 계기로 클레온
은 아테네를 대표하는 최고 지도자가 된다. 스파르타는 자신들의 포로

리시스트라테
오브리 비어즐리 作. 1896.

를 구하기 위해서 어쩔 수 없이 아테네에 평화협정을 요청하였다. 하지만 이 평화협정은 오래가지 못했다. 기원전 419년부터 두 나라는 다시 전쟁을 시작한다. 이렇게 전쟁이 재개되자 고대 그리스를 대표하는 희극작가 아리스토파네스는 냉소적인 어투로 두 나라를 비난한다.

무척 보수적이었던 아리스토파네스는 뛰어난 감각으로 당시 사회를 비꼬았다. 기원전 411년 『리시스트라테*Lysistrate*』라는 그의 작품이 무대에 오른다. 희극『리시스트라테』의 라틴어 제목은 『뤼시스트라타 *Lysistrata*』다. 라틴어로 뤼시스트라타는 '군대를 해산시키는 여자'라는 뜻이다. 이 라틴어 제목에서 볼 수 있듯이 아리스토파네스는 전쟁을 무척 싫어한 것 같다. 그의 교육수준이나 어린 시절에 대해서 알려진 것이 많지는 않지만 그의 날카로운 문체나 현란한 말투로 미루어 볼 때 천재임이 틀림없다. 천재 극작가 아리스토파네스가 한 일은 귀족과 당시 소피스트를 비롯한 잘난 체하는 지_知자를 비꼬고 비아냥거리는 것이었다.

이렇게 아리스토파네스는 체계에 적응하지 못한 극작가임에 틀림없다. 체계에 적응하지 못하다 보니 당연히 체계적이지 못한 방법으로 새로운 체계를 만들려하는 것도 당연하다. 클레온의 승리로 펠로폰네소스 전쟁에서 이길 것이라는 기대감에 차 있던 아테네지만 아테네 전역에 퍼진 질병과 시민 간의 불신이 조금씩 생겨나고 있었다. 이때 스파르타가 제의한 뜻밖의 평화협정은 무척 반가운 소식이었다. 그러나 클레온을 비롯한 몇몇의 호전주의자는 계속 전쟁을 주장했다. 결국 트리키아로 출전한 클레온은 스파르타에 대패하여 죽는다. 클레온의 죽음과 함께 기원전 421년 아테네는 스파르타와 휴전을 맺는다. 클레온과 다르게 아테네에서는 평화를 주장한 사람도 있었다. 대표적인 인물이 니키아스Nikias, B.C. 470년경-B.C. 413다. 그의 이름을 따 이 협정을 니키아스 평화라 칭한다.

하지만 이 니키아스 평화도 오래가지 못했다. 바로 알키비아데스 Alkibiades, B.C. 450년경-B.C. 404의 등장 때문이다. 기원전 420년 아테네의 지도가가 된 알키비아데스는 전쟁을 재개하여 펠로폰네소스 동맹을 완전히 와해시키고 스파르타를 완전히 고립시키고자 했다. 그 계획에 따라 가장 먼저 알키비아데스는 시칠리아를 공격하기로 결정하고 전쟁에 나섰다. 아테네 시민은 알키비아데스가 시칠리아를 정벌하리라는 기대와 흥분으로 가득 차 있었다. 그러나 아테네 함대는 기원전

405년 아이고스포타미 해전에서 전멸하였고, 다음 해 알키비아데스도 스파르타의 첩자에 의해서 암살됨으로 펠로폰네소스 전쟁은 결국 아테네의 패배로 끝나고 만다.

아리스토파네스는 아테네가 시칠리아를 정벌하고 펠로폰네소스 전쟁에서 승리를 확신할 시기인 기원전 411년 『리시스트라테Lysistrate』를 발표하고 전쟁을 그만둘 것을 아테네 지도자에게 경고한다. 아리스토파네스는 왜 승리라는 기대감에 가득 차 있는 지도자와 이길 수 있는 전쟁을 앞에 둔 시민에게 전쟁을 그만하라고 했을까? 아리스토파네스가 그만큼 전쟁을 싫어하고 반대했다는 것 외에 다른 대답은 없다. 분명한 것은 물론 결과론적이긴 하지만 아테네의 클레온이나 알키비아데스가 아리스토파네스의 주장을 받아들여 평화협정을 맺고 전쟁을 그만두었다면 역사는 어떻게 되었을까? 최소한 아테네가 전쟁에서 패배한 도시국가는 되지 않았을 것이다.

○ 약하고 착한 아내가 남편을 전쟁터에 보내지 않는 방법

고대 그리스에서 전쟁은 생활수준에 따라 계급이 다르고 살아날 확률도 다르다. 부자는 많은 장비를 갖고 전쟁에 나가기 때문에 전쟁에서 살아남을 확률이 높다. 그러나 가난한 사람은 무기도 제대로 챙기지 못하고 혈혈단신으로 전쟁터에 나가기 때문에 살아날 확률보다 죽을 확률이 훨씬 더 높다. 이런 가난한 사람의 가정은 어떨까? 전쟁에 나간 남자보다 남아 있는 여자가 더 괴로울 수 있다.

한번 상상을 해보자. 남편은 출전하고 아내는 자식과 함께 내팽개쳐져 있다. 자식은 배고프다고 울 것이고, 아빠는 왜 안 돌아오냐고 보챌 것이다. 곡식은 떨어져 바닥난 지 오래지만 산 입에 거미줄 칠 수 없다고 무엇인가 먹을 것을 구하려니 아내의 고생이 말이 아닐 것이다.

이런 처지에 놓인 아내가 한 둘이 아니고, 대부분 서민은 이렇게 살고 있을 것이다. 이들 중 한 여자가 생각한다. 이대로 그냥 계속 살 것인가 아니면 남편을 더 이상 전쟁에 내보내지 않고 함께 살 것인가. 이렇게 하여 내려진 결단이 바로 섹스다.

잠시 평화협정이 맺어졌고 남편은 지금 집에 있다. 집에 있는 남편은 언제 전쟁에 나갈지 모르기 때문에 별로 하는 일 없이 집에서 빈둥거린다. 아내도 남편의 그 심정을 잘 안다. 그래서 남편이 하자는 대로 하고 있다. 낮 동안 남편은 이런저런 일을 하지만, 밤만 되면 그동안 미루어 둔 숙제라도 하듯이 아내에게 섹스를 요구한다. 사실 전쟁에 끌려가면 남편과 이런 달콤한 섹스를 또 언제 할지 모르기 때문에 아내도 특별한 이유 없이 남편의 뜻에 따른다.

여기서 리시스트라테는 생각한다. 만약 남편에게 섹스를 해 주지 않는다면, 남편은 전쟁에 나가지 않고 계속 섹스를 해 달라고 보채며 집에 남아 있을까 하고 말이다. 전쟁은 혼자하지 않는다. 아테네 시민이 다 참여해야 한다. 아테네뿐 아니라 스파르타와 그 동맹국도 마찬가지다. 그래서 리시스트라테는 아테네와 스파르타 그리고 그 동맹국 여자에게 전쟁을 끝낼 수 있는 방법이 있다며 소집명령을 내린다.

전쟁을 끝낼 수 있는 방법이 있다고? 모든 여자는 솔깃했다. 그리고 리시스트라테에게 모여왔다. 그리고 그 방법이 뭐냐고 물었다. 리시스트라테는 자신 있게 말했다. 오늘부터 남편과 섹스를 하지 말라고 말이다. 여자의 동요는 생각보다 심했다. 섹스는 남자의 전유물만이 아닌가 보다. 평화협정이 체결되고 남자만 숙제하듯 밤마다 섹스하는 것이 아니라 여자도 밀린 섹스를 즐긴다는 것이다. 만약 전쟁이 또 시작되면 언제 할지도 모르는 일이니 남편이 집에 있는 동안 열심히 시간 날 때마다 섹스를 해도 모자랄 판에 그만두라니 말도 안 된다며 모두들 반대가 심하다. 아무리 전쟁을 끝내는 방법이지만 너무하다며 리시스트라테를 비난하기까지 한다.

심지어 어떤 부인은 섹스를 하지 않는 것이 전쟁을 끝내는 방법이라면 전쟁을 계속하고 섹스도 계속하겠다고 자리를 박차고 일어나기까지 한다. 20년이나 이어 온 기나긴 전쟁을 끝낼 수만 있다면 무슨 일이든 하겠다던 처음의 다짐을 모두 잊은 듯 섹스의 중요성과 필요성을 강조하고 있다. 남편과의 섹스만 허락한다면 불속이라도 뛰어들겠다며 다른 방법으로 전쟁을 끝내자는 여인이 있는가 하면, 심지어 섹스 없는 평화와 자유는 아무런 의미가 없다는 부인에 이르기까지 모임의 분위기가 어수선해지기 시작했다. 처음 당차게 전쟁을 끝내겠다던 리시스트라테도 부인들의 심한 반감에 난감해 하며 심하게 동요한다. 과연 남자나 여자는 섹스 없이 살 수 없다는 말인가!

○ 아내의 맹세로 본 섹스방법

모두 그렇지는 않은 것 같다. 클레온과 함께 필로스 전투에 참여한 남편을 둔 어떤 부인은 일곱 달이나 남편 얼굴도 보지 못했다면서 전쟁만 끝낼 수 있다면 섹스쯤이야 얼마든지 참을 수 있다며 리시스트라테를 응원한다. 자신감을 얻은 리시스트라테는 자신의 뜻을 굽히지 않고 강하게 주장한다. 하지만 대부분 남편은 집에 있다. 남편이 밤마다 요구하는 섹스를 어떻게 피할 수 있단 말인가? 리시스트라테는 그 방법에 대해서 말한다.

밤이 되면 아내는 화장을 곱게 하고 조용히 남편을 기다린다. 이때 브래지어는 벗고, 팬티는 입지 않은 상태에서 속이 다 비치는 란제리만 걸친다. 남자가 집에 들어오면 이런 차림으로 아내는 마치 남편을 기다렸다는 듯이 남편 앞을 오가며 서성거린다. 속이 다 보이는 아내의 몸을 본 남편은 성욕을 느끼고 섹스를 하고 싶어 할 것이다. 남편이 다가와 섹스를 원하면 부인은 모른 채 거절하면서 전쟁터에 나가지 않으면 섹스를 해 주겠다고 하면 어쩔 수 없이 남편도 평화협정에 동의할 수밖에 없다는 것이 리시스트라테의 생각이다.

하지만 오랫동안 섹스를 하지 못한 남편은 아내의 이런 거부에 강제로 추행을 하거나 때리면서 섹스를 요구할 수도 있다. 여자는 남자보다 힘이 약하기 때문에 이런 경우에는 어쩔 수 없이 당할 수밖에 없다. 이런 경우에는 어떻게 하는 것이 좋을까? 부인들의 질문에 리시스트라테의 대답은 아주 간단하다. 아주 무미건조하고 재미없이 섹스를 해 주라는 것이다. 마치 나무토막처럼 가만히 누워 있기만 하고 어떤 동작도 취하지 말하는 것이다. 혹은 남편이 짜증나게 섹스를 해 주라고도 주문한다. 남자가 섹스를 하는 목적 중에는 자신의 욕구를 푸는 것도 있지만 부인을 만족시키는 것도 있다. 그런데 부인이 전혀 미동을 하지 않고, 남편의 노력에도 만족감을 느끼지 못하면, 남편은 금방 짜증을 느끼고 포기하고 말 것이다.

아리스토파네스는 『리시스트라테』를 통해 어떤 경우에도 폭력은 원치 않고 있다. 섹스를 위해 남편이 폭력을 휘두를 것 같으면 아내는 그전에 먼저 섹스를 해 주면 된다는 것이다. 이때의 섹스는 그냥 허무한 섹스일 뿐이라는 것이 아리스토파네스의 생각이다. 아리스토파네스는 모든 것은 평화적으로 해결하자는 것에 가장 큰 목적을 두고 있다. 이렇게 리시스트라테의 지시에 따라 여인들은 전쟁의 종식을 위해 섹스를 하지 않겠다고 맹세를 한다.

우리는 『리시스트라테』에서 하는 여인의 맹세를 보며 당시 고대 그리스의 성생활이나 방법에 대해서 알아볼 수 있다. 그들은 먼저 남편이 접근해도 집에서는 어떤 경우에도 섹스를 하지 않겠다고 맹세한다. 하지만 집에서는 항상 화장을 하고 엷은 자주색 사프란 가운을 입고 남편이 섹스를 하고 싶은 마음이 강하게 생기도록 하겠다고 한다. 하지만 절대로 부인이 먼저 섹스를 요구하지 않으며, 만약 남편이 힘이나 폭력으로 섹스를 강요하면 정말 재미없게 가만히 누워 있기만 한다. 이때 부인은 어떤 경우에도 성적 쾌락에 빠져 신음소리를 낸다거나 남편의 행동에 능동적으로 대처하지 않는다. 그리고 남편이 강제로 섹스를 하는 동안 여자는 천장을 향해 다리도 들지 않고 엉덩이도 들지 않겠다고 맹세한다.

이상의 맹세에서 우리가 알 수 있는 것은 고대 그리스의 부인은 남편과 섹스를 하는 동안 아주 적극적임을 알 수 있다.

o 섹스는
남자만 원하는 것이 아니다

리시스트라테의 설득과 노력으로 어쩔 수 없이 부인들은 동의한다. 하지만 리시스트라테는 여전히 그런 여인들을 믿지 못한다. 원인이야 무엇이든 결국 전쟁을 끝내기로 결정한 여인들은 모두 아테네 아크로폴리스에 있는 파르테논 신전으로 들어가 문을 잠그고 전쟁이 끝날 때까지 나오지 않겠다고 선언한다.

처음 이런 여인들의 모습을 지켜보던 남자들은 저러다 말겠지 하는 식이었다. 파르테논 신전을 점령하고 끝까지 싸우겠다는 단호한 여자의 모습에서 남자들이 조금씩 조바심을 갖게 된다. 섹스는 둘째치고 식사나 육아까지 떠맡아야 할 지경이기 때문이다.

여기서 우리는 아리스토파네스의 생각을 한번 읽어 보자. 마음없이, 재미없이 섹스를 한다는 것이 가능할까? 섹스는 남자와 여자의 욕망에서 나오는 것이다. 아니 섹스를 하다 보면 욕망이 생기는 것은 당연하다. 아무리 재미없이 섹스를 하겠다고 여자가 마음을 먹어도 남자의 능력에 따라 재미없는 섹스도 재미있는 섹스로 변할 수가 있다. 이럴 경우를 대비하여 처음부터 완전봉쇄하자는 것이 리시스트라테의 생각인 것 같다. 처음에는 완력으로 힘으로 폭력으로 어쩔 수 없이 섹스를 하는 둥 마는 둥 할 수 있지만 시간이 지나면서 달라질 수도 있고, 때로는 완력을 핑계로 여자가 먼저 섹스를 요구하는 경우도 생길 수 있다. 그래서 처음부터 이런 일이 생기지 않게 여러 가지 핑계로 파르테논 신전 안으로 잠입해 들어간 것이다.

아니나 다를까 여자의 속셈이 이때부터 나타난다. 아리스토파네스의 표현에 따르면 파르테논 신전에 들어간 여자 중 어떤 사람은 섹스에 미쳐 있다. 그래서 그들은 파르테논 신전에서 탈출하기 위해서 여러 가지 방법을 동원한다. 동굴을 파고 도망가려던 여인이 있는가 하면, 밧줄을 타고 내려가려는 여인도 있었다. 심지어 어떤 여인은 참새의 등을 타고 내려가려고 생각하는 등 수단과 방법을 가리지 않고 파르테논 신전에서 도망치려 했다.

또 어떤 여인은 집안일을 핑계로 도망가려 했는데, 양모에 좀이 생기지 않게 침대에 널고만 오겠다는 여인이 있는가 하면, 삼베를 짜다 왔다며 잠시 내려가 빗고 오겠다는 여자도 있었다. 더 심한 경우 청동 투구를 배 안에 넣고 당장 아기가 나오려 한다며 내려가겠다는 여자도 생겨났다. 신전에 뱀이 있어서 도저히 살 수 없다는 여인이 있는가 하면, 올빼미 우는 소리 때문에 잠을 잘 수 없다는 여인까지 정말 여러 방법으로 파르테논 신전을 탈출하려 한다.

이 모든 것을 리시스트라테는 남편이 그리워서 탈출하려는 핑계이며 속임수라고 생각하고 조금만 더 참고 기다려 달라고 호소한다. 호소만으로 될까? 물론 안 된다. 하지만 고대 그리스에서 만병통치약은 신탁이다. 리시스트라테는 제비가 오디새Hoopoe를 피해 한곳에 모여 남근을 멀리하면 재앙은 사라진다는 신탁을 인용하며 부인들을 북돋아 준다. 그리고 리시스트라테는 제비가 서로 반목하여 날개를 퍼덕이며 파르테논 신전에서 날아가 버리면 제비보다 더 음란한 새는 없다는 신탁의 경고도 잊지 않고 들려준다.

아리스토파네스는 평화와 자유를 사랑한 희극작가다. 『리시스트라테』의 결론은 뻔하다. 남자에게 섹스를 해 주지 않고 잘 버틴 여자가 이기고, 섹스에 목마른 남자는 결국 평화협정을 맺고 전쟁을 끝낸다. 전쟁을 원하는 가장도 주부도 없다. 그들은 서로 사랑하는 사람을 만나 결혼하고 자식 낳고 단란한 가정을 꾸리는 것이 꿈이다. 단란한 가정의 기본은 섹스다. 그 기본을 빼앗기는 순간 모든 것을 잃는다. 전쟁이란 정치가의 놀음임을 우리는 잘 안다. 아리스토파네스는 이런 정치가의 놀음에 가정이 파괴된다고 보았고, 섹스를 전제로 평화협정을 원했다.

아리스토파네스는 『구름』에서 소크라테스를 풍자하고 『리시스트라테』에서는 클레온을 비롯한 정치가와 남자를 풍자하고 있다. 심지어 끊임없이 이어지는 전쟁을 끝내고 아테네에 평화를 정착시키기 위해서는 여자가 무엇인가 해야 한다는 말도 안 되는 아이디어를 냈다. 여자가 해야 할 그 무엇은 섹스를 하지 않는 것이다. 어쩌면 펠로폰네소스 전쟁의 끝을 이미 내다본 아리스토파네스는 아테네가 비참해지는 것이 싫어 이런 말도 안 되는 평화협정방법을 동원했는지도 모른다.

섹스는 인간의 말초신경을 건드리는 행위다. 전쟁도 마찬가지라 생각된다. 결국 말초신경을 마비시킴으로 이성이 발동하고, 이성이 발동함으로 가정이 보이고, 가정이 보임으로 국가가 보인다. 이런 이성적인 사고단계를 정치가도 알아야 함을 아리스토파네스는 『리시스트라테』에서 섹스를 통해 설명하고 있는지도 모르겠다.

소크라테스의 사랑

악처와 현모양처 사이

● 악처 크산티페

크산티페Xanthippe, B.C. 5세기 후반-4세기 초반는 우리에게 소크라테스 부인으로 잘 알려져 있다. 그것도 악처로 말이다. 실질적으로 'Xanthippe'는 '바가지 긁는 여자' 혹은 '잔소리가 많은 여자'라는 사전적 의미까지도 있다. 하지만 크산티페에 대한 평가는 소크라테스가 살아 있는 동안에도 그랬지만 지금도 다양하다.

크산티페는 왜 우리에게 악처로 알려졌을까? 정확하게 알려진 것은 없지만 3세기경에 활동한 철학사학자이며 전기 작가인 디오게네스 라에르티오스Diogenes Laertios는 고대 그리스 철학자를 중심으로 『위대한 철학자의 생애와 사상』이라는 저서를 남겼다. 크산티페가 얼마나 악처였는지는 이 저서 하나만으로도 충분하다. 우리가 알고 있는 소크라테스와 크산티페 사이에 일어난 모든 것은 이 저서에 나와 있기 때

크산티페

문이다. 많은 사건 중에 가장 대표
적인 것 하나만 살펴보자. 이름하여
'천둥 후 소나기' 사건이다.

소크라테스가 어느 날 집에 들어
왔다. 얼마 만에 들어왔는지는 알 수
없다. 우리가 알고 있는 소크라테스
는 한번 토론을 시작하면 이틀은 보
통이다. 플라톤의 『향연』에 따르면 소크라테스는 잠도 없다. 며칠씩
밤을 새우며 토론하는 것은 보통이다. 이런 그의 생활방식으로 보아
소크라테스가 집에 들어가는 날짜는 그렇게 많지 않은 것으로 보인
다. 크산티페의 잔소리가 시작되는 것은 당연하다. 소크라테스는 원
래 말이 적은 사람인지 집에서는 말을 하지 않는 사람인지 모르지만,
크산티페가 아무리 잔소리를 해도 잘했으면 잘했다 못했으면 못했다
는 대꾸 하나 없이 앉아만 있다. 박수도 마주쳐야 하고 소리도 장단이
맞아야 한다고 했다. 더욱더 화가 난 크산티페는 더 이상 참지 못하고
소크라테스에게 물을 퍼부었다. "크산티페가 천둥처럼 으르렁거리면
곧 비가 내릴 것을 나는 이미 짐작하고 있었다." 잔소리를 참을 뿐 아
니라 물벼락이 떨어질 것까지 예견하고 있었다는 얘기다. 이 정도면
부인에 대한 생각이 각별하다고 할 수 있다.

크산티페가 악처라는 것에 대한 출처를 우리는 크세노폰Xenophon,
B.C. 430 또는 425-B.C. 355의 저서에서도 찾아볼 수 있다. 소크라테스의 제
자이며 친구였던 크세노폰은 철학자, 정치가, 장군, 작가 등으로 활동

한 고대 그리스를 대표하는 사상가다. 그의 저서 중에 『소크라테스의 회상Memorabilien』이 있다. 이 저서 2권 2장 첫 부분에서 크세노폰은 소크라테스의 아들을 통해 크산티페가 악처임을 묘사하고 있다. 소크라테스의 장남 람프로클레스Lamprokles, B.C. 416년경-B.C. 399 이후는 크산티페에 대해 불만과 불평을 늘어놓는다. 소크라테스는 오히려 장남을 타이른다.

람프로클레스는 어머니 크산티페가 자신을 키우느라 고생하고 희생한 은혜를 잘 알고 있지만 엄마의 몹쓸 성질은 어떤 누구도 참을 수 없다고 한다. 이때 소크라테스는 어머니의 잔혹한 행위와 짐승의 잔혹한 행위 중 어떤 것이 더 견디기 어려우냐고 아들에게 묻는다. 아들은 엄마라고 단호하게 대답한다. 소크라테스는 크산티페가 짐승처럼 아들을 이빨로 물어뜯거나 발로 할퀸 적이 있냐고 묻는다. 물론 아들은 크산티페가 자신에게 야수처럼 행동을 하지는 않았다고 대답한다. 하지만 아들의 불만은, 어머니의 은혜도 중요하지만 자신이 듣기 싫은 말을 한다거나 하기 싫은 행동을 시키는 것은 도저히 참을 수가 없으며, 이런 어머니의 행동이나 말은 마치 짐승처럼 느껴진다는 것이다.

소크라테스의 아들의 눈에 비친 크산티페도 결코 현명한 어머니는 아니다. 물론 이 두 가지 예는 단지 많은 사건 중에 일부에 불과하다. 이런 크산티페에 대한 사건이나 일화를 우리는 얼마나 믿어야 할지 모른다. 한 가지 분명한 것은 소크라테스는 어디에서도 돈을 번 흔적은 없다. 어릴 때 아버지를 따라 조각을 했다는 기록은 여기저기서 발견된다. 그 이후 소크라테스가 돈을 벌었다는 기록은 어디에서도 발견되지 않는다. 소크라테스는 평생 옷 한 벌로 살았다고 한다. 심지어 『향연』에서는 추운 겨울 전쟁터에서도 맨발이었다고 한다. 이 내용이 건강하고 강인한 소크라테스를 표현하기도 하지만 가난한 소크라테스를 보여 주기도 한다. 따라서 가난한 가정을 책임져야 했던 크산티페는 억척같이 살았을 것이고, 그 억척이 악착으로 바뀌었고, 악착이 악처를 만들지 않았을까 생각해 본다.

○ 현모양처 크산티페

　　　　　　　　　　어두운 면이 있으면 밝은 면도 있어야 세상은 공평하다. 크산티페를 악처라고 폄하하는 쪽이 있다면 그렇지 않다고 얘기하는 쪽이 있어야 크산티페도 소크라테스도 산다. 크산티페가 현모양처는 아닐지 모르지만 최소한 악처는 아니라고 주장하는 철학자도 있다. 먼저 플라톤의 대화편 『파이돈』을 보자. 소크라테스의 제자이며 젊은 친구 파이돈은 소크라테스가 독약을 마시며 죽는 모습을 옆에서 지켜보았다. 훗날 파이돈은 펠로폰네소스 반도의 플리우스에서 친구에게 자신이 목격한 내용을 들려준다. 플라톤은 바로 이 내용을 대화편으로 남겼다.

　대화편 『파이돈』에 따르면 파이돈이 소크라테스가 잠시 머물던 감옥에 도착했을 때, 크산티페는 아들을 안고 소크라테스 곁에서 울고 있었다. 파이돈이 도착하자 소크라테스는 크리톤에게 크산티페를 집에 데려다줄 것을 부탁한다.

　여기서 우리가 주목할 것은 아기를 안고 소크라테스 옆에서 울고 있는 크산티페의 모습이다. 바로 이 모습이야말로 대부분의 부인이 할 수 있는 모습 그 자체다. 소크라테스의 제자와 친구는 소크라테스를 살리기 위해서 참 많은 노력을 한다. 간수를 매수하여 탈출시키자는 친구가 있는가 하면 다른 도시국가로 도망가게 하자는 친구에 이르기까지 다양한 방법으로 소크라테스를 살리려 했다. 하지만 소크라테스는 그 모든 것을 다 거절하고 스스로 죽을 것을 마음먹는다. 능력이 있든 없든 남편이 곧 독약을 마시고 죽는데 울고 있는 부인의 모습에서 우리가 생각할 수 있는 것은 무엇일까? 그것은 남편의 뜻을 따르는 모습 그 이상도 그 이하도 아니다.

우리가 알고 있는 악처 크산티페라면 친구들처럼 죽기는 왜 죽느냐고 악을 박박 써야 옳다. 그런데 조용히 아기를 안고 울고 있을 뿐 아니라 소크라테스의 뜻에 따라 친구의 하인과 함께 조용히 집으로 돌아가는 크산티페의 모습에서 우리는 악처라기보다는 오히려 소크라테스의 뜻에 순종하는 현모양처의 모습을 확인할 수 있을 뿐이다. 뿐만 아니라 파이돈이 본 크산티페의 모습에서 우리는 소크라테스에게 잔소리와 물을 끼얹는 악처의 모습이나 아들에게 짐승이라는 소리를 들어야 할 어머니의 그 어떤 모습도 찾아볼 수 없다. 물론 소크라테스의 애제자이며 완벽한 제자인 플라톤의 저서 『파이돈』에 적힌 내용이란 점을 감안하더라도 크산티페가 현모양처는 아닐지라도 악처라는 소리를 들을 아내는 아닌 것 같다.

또 다른 문헌을 찾아보자. 바로 아리스토파네스다. 당시 유명한 희극작가이며 세상을 냉소적으로 바라보고 귀족뿐 아니라 지성인도 비꼬기로 유명한 바로 그 아리스토파네스 말이다. 아리스토파네스에게 걸리면 누구도 온전하지는 못했다. 물론 소크라테스도 예외는 아니다. 바로 아리스토파네스의 『구름』이 대표적이다. 아리스토파네스는 이 『구름』에서 소크라테스를 얼마나 비꼬았는지 우리는 잘 알고 있다. 그런데 이 『구름』에서도 크산티페는 한 줄의 언급도 없다.

아리스토파네스의 붓끝에서 크산티페가 묘사되지 않았다는 것을 우리는 어떻게 받아들여야 할까? 물론 기원전 423년경에 『구름』이 상연되었고, 소크라테스의 나이로 보아 부모의 유산덕에 부유하지는 않았지만 그렇다고 가난하게 살지는 않았다고 할 수 있다. 이 모든 것을 다 감안하더라도 아리스토파네스가 소크라테스를 그렇게 비판하고 비꼰 글에서 크산티페를 한마디도 언급하지 않았다는 것에 우리는 주목해야 한다. 즉 아리스토파네스의 눈에 크산티페는 악처가 아니라는 것이다.

물론 논리가 비약되었다고 할 수 있다. 악처가 아니라고 해서 현모양처라고 할 수는 없다. 분명한 것은 크산티페를 악처라는 한쪽 시각에서만 볼 것이 아니라 파이돈이 본 것처럼 다른 측면에서 볼 수도 있다는 생각을 해본다.

○ 소크라테스의 두 부인

소크라테스는 군대를 네 번이나 갔다 왔다. 그것도 중무장을 하고 말이다. 당시 아테네에서는 모든 군인은 자신의 무기를 들고 출전했다. 말을 타고 가는 부자는 아니었지만 소크라테스는 중무장을 할 정도의 재산은 있었다. 우리가 알고 있는 '가난한 철학자 소크라테스'는 주로 말년에 듣던 말이다. 소크라테스의 부모님은 조각가와 산파였다고 한다. 그리고 소크라테스는 공교육도 받았다고 한다. 부모님 덕으로 소크라테스는 유복하지는 않았을지 몰라도 부족하지 않게 청소년기를 보냈고, 장년기에 들어서서는 부모의 유산으로 부족하지 않은 생활을 한 것 같다.

문제는 말년이다. 수입은 전혀 없고, 부모의 유산도 떨어지고 소크라테스의 생활이나 가정은 가난 그 자체였을 것이다. 일반적인 것을 특수한 것으로 바꾸어서 설명할 수는 없지만 대부분 부인은 생활이 어려워지거나 궁색해지면 잔소리를 시작한다. 크산티페가 만약 악처였다면 그것은 소크라테스 말년부터 생긴 현상이라고 할 수 있다.

디오게네스 라에르티오스는 아리스토텔레스의 주장이라며 소크라테스가 수입도 없으면서 장가는 두 번이나 갔다고 전한다. 당시 아테네에서는 법으로 인구부양정책을 펴고 있었다. 그래서 결혼은 한 번만 허용하지만 다른 한 여자와는 자식을 낳아도 좋다는 것이 법으로 정해져 있었다. 이 법에 따랐는지 아니면 능력이 되었는지 모르지만 소크라테스는 좌우간 두 부인을 두었다. 두 번째 부인은 아테네의 지도자 아리스테이데스Aristeides, B.C. 550년경-B.C. 467의 딸 내지 손녀로 알려진 미르토Myrto다. 크산티페와는 아들 하나를 두었지만, 미르토는 소프로니스코스Sophroniskos와 메넥세노스Menexenos 이렇게 두 아들을 낳았다.

플라톤의 대화록 『변론』에서도 소크라테스는 아들이 셋 있다고 전한다. 한 아들은 청년이지만 두 아들은 아직 어리다고 소크라테스는 말한다. 이것으로 미루어 보아 크산티페와 결혼한 후 많은 시간이 지나 소크라테스는 미르토와 아기를 낳은 것으로 보인다. 여기서 우리는 한 가지 의문을 갖게 된다. 파이돈에 따르면 소크라테스의 감옥에 크산티페가 아기를 안고 있었다고 표현하고 있다. 만약 크산티페의 아들이 람프로클레스이고, 청년이라면 팔에 안길 정도는 최소한 아니다. 파이돈의 주장을 비롯하여 모든 것을 종합하면 미르토가 낳은 두 아들까지도 크산티페가 키우고 있었다고 우리는 추측할 뿐이다. 그렇다고 모든 의문이 풀린 것도 아니다. 플라톤도 파이돈도 아리스토파네스도 이에 대해서 얘기하지 않기 때문이다.

소크라테스는 말년으로 갈수록 가난해졌다고 한다. 그리고 먹여 살려야 할 부인도 둘이며 아들은 셋이다. 미르토는 소크라테스에게 올 때 아무런 지참금도 갖고 오지 않았다고 한다. 아니 소크라테스는 미르토가 너무 가난하여 먹여 살리기 위해서 두 번째 부인으로 맞이했다고 한다. 그의 아버지인지 할아버지인지 분명하지 않지만 아리스테이데스는 정의로운 사람으로 역사에서는 기록하고 있다. 그리고 그는 정치가였다. 아마도 예나 지금이나 정의로운 정치가는 가난했나 보다. 그러니 딸인지 손녀인지를 후처로 보내면서 지참금도 없이 보낼 수밖에. 그리고 그 가난한 여자를 우리의 대책 없는 소크라테스는 부인으로 맞이했다.

이렇게 소크라테스의 가정은 어느 곳을 보아도 가난 이외에는 아무것도 보이지 않는다. 오늘날 우리는 소크라테스에게 묻는다. 도대체 당신은 무엇을 믿고 그렇게 두 번이나 결혼하고 아들을 셋이나 낳았느냐고. 아마 소크라테스는 오늘날 우리가 흔히 하는 말로 대답할 것이다. 사랑은 무엇으로도 막을 수 없다고. 유행가 가사처럼 사랑밖에 모르는 것이 나 소크라테스라고 말이다. 주변에서 보는 사람이야 답답하든 말든 그것은 보는 사람 입장이고, 그들은 그렇게 행복했을 것이다.

○ 부인과 가족에 대한
소크라테스의 사랑

여자는 무엇으로 사는가? 참 오래전부터 내려온 질문이다. 이 질문 뒤에 숨어 있는 것은 남자는 무엇으로 사는가이다. 하지만 이런 질문은 언급되지 않았다. 어찌 되었던 여자는 자존심으로 산다고 흔히들 말한다. 크산티페도 미르토도 가난하고 보잘것없는 소크라테스를 끝까지 지켰다는 것은 최소한 소크라테스는 두 부인의 자존심만은 절대로 건드리지 않았나 보다.

디오게네스 라에르티오스의 얘기로 다시 돌아가 보자. 이름하여 '길거리 스트립' 사건이다. 한번은 크산티페가 소크라테스의 웃옷을 강제로 벗겨 갔다고 한다. 옆에 있던 친구가 손찌검이라도 하지 왜 가만히 있느냐고 말하자, '우리가 길거리에서 치고 받고 부부싸움이라도 하면 자네들뿐 아니라 지나가는 사람들까지도 흥분하며 좋아할 것 아닌가' 하고 소크라테스는 대답했다고 한다. 디오게네스는 크산티페가 소크라테스에게 끓은 바가지라며 일화를 얘기하지만, 우리는 여기서

소크라테스에게 물을 끼얹는
크산티페
레이어르 판 블로멘다엘 作,
'Xantippe Dousing Socrates',
1655.

부인의 자존심을 지켜 준 소크라테스의 배려를 발견할 수 있다.

만약 길거리에서 부부싸움을 한다면 잘잘못은 둘째고 두 사람 다 창
피하긴 마찬가지일 것이다. 한 사람만 그것도 남자가 잠시 참으면 모
든 것은 해결된다. 그리고 얼마나 옷을 갈아입지 않아 꾀죄죄했는지
길거리에서 옷을 벗겨 가겠는가. 소크라테스의 옷차림에 대해서는 우
리가 잘 알고 있지 않은가. 이 모든 것을 다 제쳐 놓고도 '길거리 스트
립' 사건이나 '천둥 후 소나기' 사건과 같은 소크라테스의 행동에서 우
리는 크산티페의 자존심은 결코 건드리지 않았다는 것을 알 수 있다.

뿐만 아니다. 누가 뭐래도 소크라테스는 크산티페의 행동에 대해서
어떤 부정적인 말도 하지 않았다. 디오게네스 라에르티오스가 전하
는 또 다른 일화를 보자. 소크라테스는 사나운 크산티페와 함께 사는
것에 대해서 항상 자부심을 갖고 있었다고 한다. 좋은 기수는 사나운

말을 좋아한다. 사나운 말을 길들일 수 있다면 다른 말은 쉽게 길들일 수 있기 때문이다. 소크라테스도 항상 이런 기수와 같은 마음을 갖고 살았다고 한다. 크산티페를 다스릴 수 있다면 세상의 못 다스릴 사람이 없고, 크산티페와 함께 살 수 있다면 누구와도 살 수 있는 법을 배울 수 있다고 소크라테스는 늘 주장했다.

우리 속담에 죽어서 크는 것은 물고기뿐이라고 한다. 모든 태공은 자신이 잡은 고기가 월척이라고 주장한다. 아무리 작은 물고기도 태공에게 걸리면 월척이 된다. 그러니 죽어서 크는 것은 물고기다. 소크라테스도 마찬가지였던 것 같다. 크산티페든 미르토든 소크라테스에 비해 그렇게 유명하지는 않았다. 아들 셋도 마찬가지다. 소크라테스 죽음 이후 이 아들 셋에 대한 행적은 아무 곳에서도 찾아볼 수 없다. 하지만 소크라테스는 자신의 가족에 대해서 결코 나쁘게 얘기하지 않고 있다. 크산티페가 어떤 행동을 했든 다른 부인이 하는 것처럼 소크라테스는 그렇게 받아들이고 다른 사람에게는 항상 자랑거리였다. 마치 태공에게 잡힌 물고기처럼 말이다.

앞서 말했듯이 플라톤의 『파이돈』에 따르면 마지막으로 크산티페를 만난 소크라테스는 그의 친구 크리톤에게 크산티페를 집에 데려다주라고 부탁한다. 이때 크리톤은 자신의 하인에게 시킨다. 이는 곧 소크라테스에게는 크산티페를 집까지 데려다줄 수 있는 하인 하나 없었다는 뜻이다. 말년의 그의 모습을 그대로 보여 주는 내용이다. 당시 아테네의 인구 중 반이 외국인이었다고 한다. 아테네 사람이면 누구나 외국인 하인 정도는 데리고 살았다는 얘기다. 그런데 소크라테스는 그렇지 못했다.

크산티페에 대한 소크라테스의 모든 행동은 사랑이다. 크산티페가 소크라테스에게 한 행동은 그야말로 극악무도하다고 할 정도다. 그러나 소크라테스는 결코 크산티페의 자존심을 건드리거나 부정적인 말 한마디 하지 않았다. 이 정도면 사랑이다. 부인을 사랑하지 않고 어찌 이 정도의 창피와 무안을 참을 수 있겠나. 하인 하나 없이 모든 것을 혼자 해결해야 했던 크산티페 또한 소크라테스를 사랑하지 않고는 있을 수 없는 행동일 것이다. 소크라테스는 사랑의 네 번째 단계를 아름다움 그 자체를 아는 것이라고 했다. 바로 여기서 우리는 사랑이라는 아름다움 그 자체를 이해하고 실천한 소크라테스의 사랑을 엿볼 수 있다.

오이디푸스의 사랑

아버지를 죽이고 어머니와 나눈 사랑

O 오이디푸스 콤플렉스

오스트리아의 정신과 의사이며 정신분석학자인 지크문트 프로이트Sigmund Freud, 1856-1939는 오이디푸스 콤플렉스Oedipuskomplex라는 용어를 만들었다. 이 용어는 남자와 여자 모두에게 적용되는 것으로 정신 발달의 중요한 전환점임과 동시에 신경증 발병의 원인이기도 한다. 오이디푸스 콤플렉스는 남근기에 생기며 무의식인 갈등을 일으킨다. 아이는 아빠와 경쟁하여 엄마를 차지하려 하기에 아빠를 사랑하면서도 강한 반항심이나 경쟁심을 갖고 있다. 이런 서로 다른 심리상태ambivalence때문에 아이는 아빠와 경쟁하며 엄마를 근친상간하려는 욕망을 프로이트는 오이디푸스 신화에서 갖고 온 것이다.

남자아이의 경우 처음으로 만난 여자도 엄마고 사랑한 여자도 엄마다. 그런데 그런 엄마를 사랑하는 아빠는 강하고 크고 권위 있고 억세다. 남자아이는 스스로 아빠와 같은 사람으로 비교도 해보지만 부족함을 느낀다. 그래서 남자아이가 택한 방법은 아빠를 배제하는 것이다. 하지만 남자아이에게 아빠의 절대적 존재는 오히려 공포와 무서움의 대상일 뿐이다. 그런데 우연히 남자아이가 엄마와 아빠가 섹스하는 장면을 목격할 수 있다. 이때 남자아이는 아빠의 성기크기가 섹스 전과 후에 확연하게 차이가 남을 알게 된다. 이런 사실을 안 남자아이가 어른으로부터 거세에 대한 얘기를 듣게 되면 상황은 복잡해진다.

물론 부모의 섹스 장면을 기억하는 아이는 많지 않다. 그러나 거세에 대한 얘기는 많이 듣고 자란다. 프로이트에 따르면 바로 이런 거세에 대한 위협이 무의식적으로 거세 불안으로 나타난다는 것이다. 결국 남자아이는 거세를 무릅쓰고 엄마를 사랑할 것인가 아니면 아빠와 경쟁을 포기하고 성기를 유지할 것인가 하는 고민에 빠진다. 전자를 택해 근친상간의 욕망을 포기하지 못한 남자아이는 오이디푸스 콤플렉스에서 벗어나지 못하지만, 후자를 택해 아빠와 타협하고 아빠의 사랑을 받으려 노력하면 오이디푸스 콤플렉스에서 벗어날 수 있다.

남자와 다르게 돌출된 성기가 없는 여자아이의 경우는 조금 다르다. 여자아이는 커 가면서 여자는 남자처럼 돌출된 성기가 없다는 사실을 알게 되지만 아빠와 같은 남자의 돌출된 성기를 보고 자신도 어른이 되면 돌출된 성기가 생기리라 믿는다. 여자아이도 우연히 엄마와 아빠가 섹스하는 모습을 보게 될 수 있다. 이때 여자아이는 엄마와 아빠가 느끼는 희열이 다름을 알게 된다. 엄마는 아빠 아래에서 고통스러워하고 아빠는 엄마 위에서 조금은 기쁨을 느낀다. 그리고 엄마도 자신처럼 돌출된 성기가 없다는 사실을 확인한다. 이때 여자아이는 절망에 빠진다. 섹스 도중 엄마가 괴로워하는 것은 죄를 짓고 아빠로부터 벌을 받기 때문이라고 믿는다. 대부분 아이는 잘못을 저지르면 그 벌을 부모, 특히 아빠로부터 받기 때문에 엄마도 아빠로부터 벌을 받는다고 생각한다. 그래서 그 죄 때문에 엄마는 돌출된 성기가 없다고 믿는다.

이렇게 여자아이는 거세 불안에 빠지고, 스스로 거세된 열등한 존재라고 믿는다. 물론 이런 사실에서 벗어나지 못한 여자아이는 오이디푸스 콤플렉스에 계속 빠져 있다. 그러나 여기에서 벗어나기 위해 노력하는 여자아이도 있다. 그중 가장 대표적인 것이 남자를 낳는 것이다. 즉 여자아이는 남자를 낳는 것이 곧 돌출된 성기를 얻는 것이라고 생각한다. 이렇게 여자아이는 오이디푸스 콤플렉스에서 벗어날 수 있다. 여기서 남자아이를 얻기 위한 여자아이의 노력은 사랑의 대상이 옮겨 감을 뜻한다. 여자아이도 엄마가 아니라 아빠의 사랑을 얻어야 돌출된 성기, 즉 남자아이를 낳을 수 있다는 생각에 사랑의 대상을 아빠로 바꾼다. 이렇게 하여 여자아이는 엄마를 미워하고 아빠를 사랑하기 시작하면서 다시 오이디푸스 콤플렉스가 시작되는 것이다.

프로이트에 따르면 오이디푸스 콤플렉스에도 남자아이와 여자아이의 차이는 있다. 남자아이는 거세 공포에서 벗어나기 위해서 엄마를 더 이상 사랑하지 않고 근친상간에 대한 욕망도 포기하면서 오이디푸스 콤플렉스에서 벗어날 수 있다. 그러나 여자아이의 경우에는 돌출된 성기를 얻기 위해 사랑의 대상을 아빠로 바꾸었기 때문에 오이디푸스 콤플렉스가 다시 시작되고 근친상간에 대한 욕망도 커진다.

프로이트는 남녀아이를 구별하지 않고 모두 오이디푸스 콤플렉스라고 했지만, 그의 제자인 스위스의 심리학자 칼 융Carl Gustav Jung, 1875-1961은 동생을 부추겨 엄마와 정부를 죽인 고대 그리스 신화에 나오는 엘렉트라를 빗대 여자아이의 경우에는 엘렉트라 콤플렉스Elektrakomplex라고 한다.

○ 오이디푸스의 선택

'아비를 죽이고 어미와 동침할 자식을 얻을 것'이라는 신탁을 받은 테베의 왕 라이오스는 고통스러워 한다. 이 고통은 아들을 죽이기로 결정하는 것으로 끝났다. 고대 그리스의 희극작가 소포클레스Sophokles, B.C. 497 또는 496-B.C. 406 또는 405에 따르면 이렇게 해서 태어난 아이는 아버지의 뜻에 따라 태어나자마자 산속에 버려졌다.

고대 그리스의 속담에 따르면 신탁은 꼭 이루어진다고 했다. 그렇다면 라이오스에게 내려진 신탁도 이루어질 수밖에 없다. 즉 아이는 죽지 않는다는 뜻이다. 그랬다. 사람의 발이 닿지 않는 곳에 버려진 아이는 우연히, 정말 우연히 그곳에서 양을 치던 목동에 의해서 발견되었다. 그 목동은 코린토스 사람으로 당시 자식이 없어 고민하던 코린토스 왕 폴리보스 부부에게 그 아이를 바쳤다. 폴리보스 부부가 아기를 받아 안고 살펴보니 발목이 많이 부어 있었다. 라이오스의 부하가 아이를 산속에 버릴 때 발목을 묶어 나무에 거꾸로 매달았기 때문이다. 폴리보스 부부는 이것을 보고 '부풀어 오른 발'이란 뜻으로 아이의 이름을 오이디푸스라고 지었다.

세상에 비밀은 없다고 시간이 지나면서 오이디푸스는 자신이 주워온 자식이라는 얘기를 듣기 시작했다. 비밀을 알고 싶었지만 어느 누구도 대답해 주지 않았다. 결국 혼자 이 문제를 해결하기 위해서 신탁을 찾았다. 그러나 신탁은 출생의 비밀을 가르쳐 주지 않고 라이오스가 들었던 것과 똑같은 신탁을 들려주었다. 출생의 비밀은 알지 못하고 더 심한 예언만 들은 오이디푸스는 부모를 참 많이 사랑한 것 같다. 신탁을 받은 오이디푸스는 아버지를 죽이지 않고 어머니와 결혼하지 않으려면 할 수 있는 것은 한 가지, 코린토스를 떠나는 것이었다. 바로 여기서 우리는 오이디푸스의 대담함을 볼 수 있다. 즉 신탁은 꼭 이루어진다와 그렇지 않다를 놓고 오이디푸스는 스스로 신탁에 대항하여 결정을 내린다.

코린토스 왕과 왕비를 친부모라고 믿은 오이디푸스는 코린토스를 떠나면 신탁은 이루어지지 않는다고 믿었다. 인간의 근시안적인 사고와 신의 원시안적인 사고의 차이를 우리는 여기서 볼 수 있다. 그런데 라이오스가 받은 신탁보다 먼저인 것은 인간의 저주다. 라이오스는 젊은 시절 망명하여 피사Pisa의 왕 펠롭스Pelops에 의탁하여 살고 있었다. 라이오스는 펠롭스의 어린 아들 크리스포스Chrysippos를 사랑하여 겁탈하였다. 수치심을 이기지 못한 크리스포스는 자살하였고, 이 사

오이디푸스와 스핑크스

신탁을 거부하겠다는 생각에 오이디푸스는 아버지를 이미 죽인 줄도 모르고 방랑생활을 했고, 우연히 스핑크스를 만나 수수께끼를 풀면서 원하지도 않았던 왕위에 오른다. 이 모든 것은 우연일까 아니면 필연일까? 장 오귀스트 도미니크 앵그르 作, 1808-1825.

실을 안 펠롭스는 라이오스가 아들 손에 죽게 해 달라는 저주를 퍼부었다.

펠롭스는 저주를 퍼부었고 신탁은 오이디푸스에게 아비를 죽인다고 했다. 신탁은 인간의 뜻에 따라 라이오스에게 벌을 내린 것일까? 분명하지 않다. 그런데 신탁은 펠롭스의 저주를 넘어 오이디푸스가 어미와 동침 내지 결혼한다고 했다. 동침이든 결혼이든 사랑이 전제다. 사랑하는 사람과 결혼하고 동침하는 것이 당연한 것이다. 하지만 오이디푸스는 이 당연한 것을 거절한다. 그것이 어머니이기 때문이다. 즉 오이디푸스는 어머니와의 사랑을 거절한다. 아니 어머니인 줄 알고는 결혼도 동침도 불가능하다고 오이디푸스는 판단한다.

프로이트는 아들은 엄마를, 딸은 아빠를 사랑하여 근친상간의 욕망을 갖는다고 했다. 그것도 자식은 그 대상이 부모인 줄 알면서 말이다. 하지만 오이디푸스는 아니었다. 물론 여기서 우리가 간과해서 안 되는 것이 있다. 그것이 바로 무의식의 세계다. 프로이트는 오이디푸스 콤플렉스를 설명하면서 무의식이란 개념을 아주 중요하게 생각한다. 무의식의 어린아이에게는 이성보다 감정이 더 중요하다. 근친상간의 욕망도 이성보다 감정에 더 치우쳐 있다. 바로 이 점에서 우리는 오이디푸스의 선택을 볼 수 있다. 오이디푸스는 성인이었고, 무의식의 세계도 감정으로도 결정한 것이 아니라 오히려 이성을 갖고 판단한 것이다. 최소한 오이디푸스가 코린토스를 떠날 때까지는 사랑을 이성적으로 판단하고 있었다.

○ 어머니의 선택

갑작스러운 스핑크스의 출몰은 테베를 폐허의 도시로 만들었다. 라이오스 왕도 어떻게 할 수 없을 정도로 도시는 기능을 상실했다. 참다못한 라이오스는 또 한번 신탁에 의지하기 위해서 길을 나선다. 하지만 그 길이 마지막 길이었다.

필연이란 참 묘한가 보다. 아버지를 죽인다는 신탁을 피하기 위해서 오이디푸스는 미래의 왕을 포기하고 아버지를 멀리하기 위해서 코린토스를 떠난다. 한편 라이오스는 아들에게 죽임을 당한다는 신탁에 맞서 아들을 버리고 또 다시 다른 문제로 신탁을 찾기 위해 길을 나선다. 이 두 사람이 필연적으로 만날 수밖에 없는 이유다. 신탁은 그런 것이니까.

라이오스는 아들을 죽였다. 그렇기 때문에 자신은 아들에게 죽을 일은 절대로 없다. 오이디푸스는 아버지를 버리고 길을 나섰다. 역시 아버지를 죽일 일은 절대로 생기지 않는다. 델포이로 향하던 라이오스는 보이오티아로 가는 길목에서 오이디푸스를 마주친다. 늙은 아버지는 왕이고, 젊은 아들은 왕자다. 늙은 아버지는 나라가 위기에 처해 있기 때문에 한시라도 빨리 델포이에 도착하여 신탁을 받고 나라를 일으켜야 한다. 젊은 아들은 아버지를 죽이지 않기 위해서는 한시라도 빨리 코린토스로부터 멀어져야 한다. 두 사람은 말다툼할 시간조차 없었다.

이런 경우 강한 사람이 최고다. 앞길을 막는 모든 것은 그냥 부수고 지나간다. 오이디푸스가 라이오스보다 젊었으니까 조금 더 강했나 보다. 신탁을 찾아가는 늙은 아버지가 신탁은 이루어진다는 말을 조금이라도 생각했다면 죽었다고 생각한 아들이 죽지 않았을 수도 있다고 믿었을 것이고, 그렇다면 아들뻘 되는 사람이랑은 말다툼이든 싸움이든 하지 말았어야 했다. 오이디푸스도 마찬가지다. 출생의 비밀이 궁금해 신탁을 찾았고, 그래서 아버지를 죽이지 않기 위해서 길을 나섰다면 아버지처럼 늙은 분을 보면 공손하게 길을 피해 주는 것이 옳다. 두 사람 모두 신탁을 너무 믿으면서 신탁을 너무 무시한 처사라고 할 수 있다.

스핑크스의 공포에서 벗어나지 못하고 있던 테베에 라이오스의 죽음은 너무나 가혹했다. 특히 라이오스의 뒤를 이어 왕위에 올라야 했던 라이오스의 부인 이오카스테는 말 그대로 속수무책이었다. 고대 그리스 도시국가에서는 왕비가 왕위를 세습하기도 했다. 테베가 그 대표적인 나라다. 그런데 그 세습이 참 흥미롭다. 테베의 경우 왕이 남매가 없거나 자식이 없으면 왕위는 부인에게 넘어간다. 그리고 그 부인이 죽으면 왕위는 자동적으로 부인의 남매에게 넘어가게 되어 있다. 그런데 왕의 부인이 결혼하면 왕위는 다시 남편에게 세습되게 되어 있었다. 라이오스가 바로 그런 경우라 이오카스테가 왕위에 올랐지만, 그녀의 동생인 크레온이 세습을 하고 있었다. 그리고 크레온은 스핑크스를 물리치는 사람에게 이오카스테와 결혼하여 테베의 왕으로 모시겠다는 내용을 발표한다.

아비를 죽이지 않고 어미와 결혼하지 않겠다는 아주 단순한 생각에 오이디푸스는 아버지를 이미 죽인 줄도 모르고 방랑생활을 했다. 그러다 우연히 테베로 가는 길에 스핑크스를 만난다. 그리고 스핑크스의 수수께끼를 풀고 원하지도 않았던 왕위에 오른다. 이 모든 것은 우연일까 아니면 필연일까?

이오카스테도 오이디푸스를 죽일 때 자신이 아들과 동침하거나 결혼하지 않으려는 아주 단순한 생각에 남편 라이오스의 뜻에 따랐다. 남편의 뜻에 따랐다는 것은 곧 신탁을 믿는다는 의미이다. 여기서 우리는 이오카스테의 선택을 생각하지 않을 수 없다. 먼저 자신의 행동은 테베를 살리겠다는 동생 크레온의 뜻이라고 할 수 있다. 아니 그 전에 자신이 더 테베를 살리고 싶었을지도 모른다. 스핑크스만 없어지면 테베는 예전의 모습으로 다시 돌아갈 수 있다고 믿었을 것이다.

그렇다면 이오카스테가 젊은 오이디푸스를 남편으로 받아들이는 것을 통해 나라에 대한 사랑이 깊다는 것을 알 수 있다. 즉 이오카스테는 사람을 사랑한 것이 아니라 나라를 먼저 사랑했던 것이다. 이오카스테의 선택은 사랑이 아니라 나라였던 것이다.

○ 오이디푸스의 사랑

이오카스테와 오이디푸스는 서로 참 많이 좋아했나 보다. 두 사람은 딸 둘과 아들 쌍둥이를 둔다. 하지만 행복도 잠시뿐이었다. 스핑크스가 사라지고 오이디푸스가 왕이 되자 테베는 다시 옛 명성을 찾는 듯 했다. 하지만 오래가지는 못했다. 다시 테베는 여러 가지 악재가 생기고 나라가 흉흉하게 되었다. 특히 갑자기 발생한 역병은 테베를 다시 폐허로 만들기 시작했다.

이오카스테와 헤어지는 오이디푸스
알렉상드르 카바넬 作, 'Oedipus Separating from Jocasta', 1843.

　고대 그리스에서 신탁은 만병통치약이었나 보다. 오이디푸스는 다시 신탁에 의지하여 테베를 구할 방법을 찾았다. 신탁의 대답은 간단했다. 테베에 역병이 도는 이유는 테베를 고대 그리스의 위대한 도시국가로 만든 라이오스 살해범이 테베에 살고 있기 때문이고 그 살해범을 찾아 추방하면 역병은 사라져서 테베는 다시 부국이 된다는 것이 신탁의 뜻이었다.

　이오카스테는 사랑하는 나라를 선택했다고 했다. 오이디푸스도 부인 못지않게 나라를 사랑한 것 같다. 아니 왕으로서 책임감이 강했던 것 같다. 그는 이성적으로 생각하고 행동하는 사람이었지 않는가. 신탁이 떨어지기 무섭게 오이디푸스는 라이오스 살해범을 찾으라고 명령하였다. 이렇게 해서 우리가 잘 알듯이 오이디푸스의 비밀은 밝혀지고 만다.

그런데 오이디푸스의 비밀이 밝혀지는 과정이 호메로스와 소포클레스는 다르게 표현하고 있다. 호메로스에 따르면 이오카스테는 오이디푸스의 신체적 특징에 관심을 갖는다. 특히 오이디푸스의 발목에 난 상처가 자꾸 마음에 걸린다. 그리고 자신의 아들을 라이오스가 어떻게 죽였는지에 대해서도 생각한다. 생각이 여기까지 미치자 이오카스테는 오이디푸스가 자신의 아들임을 알아차린다. 그리고 아무리 인간이 발버둥 쳐도 신탁을 벗어날 수 없다는 사실을 알고 목을 매고 생을 마감한다. 그리고 오이디푸스는 혼자 테베를 다스리다 전쟁터에서 장렬하게 전사하는 것으로 호메로스는 두 사람의 비밀을 밝히고 있다.

반면 비극작가 소포클레스는『오이디푸스 왕』과『안티고네』두 편의 비극 작품에서 우리가 너무나 잘 알고 있는 두 사람의 최후를 극으로 표현하고 있다. 누구의 주장이 맞는지 그것이 우리에게 중요한 것은 아니다. 중요한 것은 신탁은 꼭 이루어진다는 것이다. 이오카스테 관점에서 보면 남편이 아들을 죽였고, 남편은 강도에게 죽은 것이고 자신은 나라를 구한 영웅과 결혼한 것이다. 오이디푸스도 자신의 앞길을 막은 노인을 죽이고 자신의 통치를 필요로 하는 나라의 왕이 되었다. 두 사람 다 사전에 조치를 취했기 때문에 신탁은 이루어지지 않는다고 믿었다. 이오카스테는 아들을 죽였고, 오이디푸스는 어머니를 떠나왔다. 그렇기 때문에 두 사람에게 내려진 어미와 동침한다는 신탁을 피했다.

오이디푸스가 코린토스를 떠난 것은 부모를 너무 사랑했기 때문이고, 이오카스테와 결혼한 것은 왕자로서 코린토스에서 이루지 못한 자신의 통치능력을 테베에서 펼치고 싶었는지도 모른다. 이오카스테가 오이디푸스와 결혼한 것은 아들은 이미 죽었고 남편이 이룬 나라를 동생에게 주고 싶지 않았는지도 모른다.

동침이든 결혼이든 사랑이 전제라고 했다. 두 사람의 사랑은 서로의 필요에 의해서 만들어졌는지도 모른다. 사랑은 이성보다 감정이 앞서야 가능하다. 그래서 이성적으로 판단이 가능한 늙은 사람이 사랑에 빠지면 모두 이상한 눈으로 쳐다본다. 이성보다는 감정이 앞서는 젊은 사람이 사랑을 나누면 아름답다고 한다.

젊은 오이디푸스의 사랑은 감정이 앞서야 하지만 너무 지나치게 이성이 앞서 있었는지도 모르겠다. 감정적으로라면 어머니뻘 되는 이오카스테와 쉽게 사랑에 빠지지 않았을 수도 있지 않겠는가. 그래서 오이디푸스는 이성적으로 모든 것을 판단하고 이성적으로 행동하다 보니 감정적으로 해야 할 것을 놓친 것은 아닌가 생각해 본다.

서양 문학에서 가장 완벽한 비극으로 손꼽히는 소포클레스의 『오이디푸스 왕』의 첫 번째 특징이라면 오이디푸스가 자신이 누군지 알아가는 과정과 신탁에서 얘기한 자신의 운명이 바뀌는 시점이 딱 맞게 일치한다는 것이다. 소포클레스는 이것을 우연으로 처리하고 싶었는지 아니면 필연으로 만들려고 했는지 알 수 없다. 분명한 것은 『오이디푸스 왕』을 읽는 독자는 모두 그 결과를 알면서도 읽는다는 것이다.

두 번째 특징은 오이디푸스와 근친상간은 늘 함께하는 단어라는 것이다. 라이오스, 이오카스테, 그리고 오이디푸스는 신탁이 들려준 모든 내용을 다 알고 있다. 그러면서도 그들은 그들이 신탁하고 전혀 상관없는 길을 간다고 믿고 있다. 아니 그들은 신의 관점이 아닌 인간의 관점에서 신탁에 도전하고 있다. 사랑도 이와 마찬가지인 것 같다. 만약 신이 있다면 사랑에 빠진 인간의 미래가 어떻게 될지 너무나 잘 알 것이다. 그러나 인간은 과감하게 혹은 무모하게 신의 뜻에 도전하듯이 멋대로 사랑하고, 사랑에 빠지고 사랑 때문에 기뻐하거나 슬퍼한다. 오늘날 대부분의 문학평론가는 소포클레스의 『오이디푸스 왕』에 대해서 '이보다 더 완벽한 비극은 없다'고 극찬한다. 이를 '사랑보다 더 완벽한 비극은 없다'는 말로 패러디하고 싶은 이유를 무지몽매한 인간에게서 찾고 싶다.

11

아우구스티누스의 사랑

육체와 정신 사이에서

○ 육체적 사랑을 이기는
가족의 사랑

중세의 위대한 철학자 아우구스티누스St. Aurelius Augustinus, 354-430의 사생활에서 빼놓을 수 없는 두 사람이 있다면, 어머니 성녀 모니카Monika, 332년경-387와 아들 아데오다투스Adeodatus, 372-388년 이후일 것이다. 물론 우리는 이 내용에 대해서 아우구스티누스의 저서『고백록Confessiones』을 통해 충분히 알 수 있다.

철학사에 따르면 지금의 알제리의 조그마한 도시 타가스테에서 태어난 아우구스티누스는 16살에 철학을 공부하기 위해서 고향을 떠나 카르타고로 가 이듬해인 371년 17살에 전통에 따라 젊은 여자와 동거를 시작하고 아데오다투스를 얻었다고 한다. 하지만 로마제국의 식민지에 살고 있던 어머니는 이미 가톨릭으로 개종하였기 때문에 카르타

성 아우구스티누스
산드로 보티첼리 作, 1480.

고의 전통이 마음에 들지 않았다. 아들은 3년 만에 다시 고향으로 돌아왔지만 아들에 대한 반가움보다 손자에 대한 불만이 더 컸던 어머니는 아들의 사생활과 카르타고의 전통이 아픈 응어리가 되어 항상 가슴 한쪽에 자리하고 있었다.

어머니의 고통을 아는지 모르는지 아우구스티누스는 카르타고의 아름다운 사랑에 빠져 행복한 나날을 보냈다. 아우구스티누스는 카르타고의 육체적 사랑에 대해서는 『고백록』 3권과 4권에서 잘 표현하고 있다. 카르타고에 도착했을 때 아우구스티누스는 로마제국의 종교였던 가톨릭을 믿지 않고 당시 알제리의 전통종교인 마니교를 믿었다. 바로 이런 아우구스티누스의 가슴에는 가톨릭적인 하나님은 존재하지 않았다. 하지만 아우구스티누스는 하나님에 대한 그 어떤 결핍도 느끼지 않았고, 그 결핍에 따른 배고픔도 느끼지 않았다. 왜냐하면 카르타고 도처에 널린 것이 육체적인 사랑이었기 때문이다.

사랑하고 사랑받는 것만으로도 너무나 달콤했던 아우구스티누스에게 육체적인 사랑은 더 없는 감미로움이었다. 이렇게 그는 육체적 사랑에 눈을 떴고, 결코 하루 저녁 풋사랑에 만족할 수 없었다. 그래서 그는 한 젊은 여자와 동거를 시작하였다. 이런 아우구스티누스를 두고 우리는 카르타고의 전통이라는 말로 표현한다. 그리고 어머니 모니카는 이런 그의 행동에 대해서 불만을 품는다. 여기서 우리는 알제리 전통종교에서는 혼전 동거를 허락하지만 가톨릭에서는 허락하지 않음을 알 수 있다.

사실 아우구스티누스는『고백록』4권에서 동거생활을 합법적 혼인이 아니라 경박한 정욕에 시달려 생각이 모자라 한 행동이라고 표현하고 있다. 하지만 이 여자는 아우구스티누스가 사랑한 유일한 사람이었고, 성실하고 충실하게 그 관계를 유지하였다고 서술하고 있다. 뿐만 아니라 결혼을 하고 자식을 낳아 가정을 꾸리는 것과 육체적 사랑에만 빠져 동거라는 사랑의 계약을 맺는 것이 얼마나 다른지 경험을 통해 알았다고도 주장한다.

아우구스티누스가 밀라노에서 수사학을 가르치다 암브로시우스 주교를 만나기 전까지 그의 삶이 어땠는지 우리는 너무나 잘 안다. 그는 항상 실리를 쫓고 편안함을 추구했으며, 보다 나은 경제적인 삶을 원했다. 하지만 그에게 여자는 17살에 만난 동거녀가 전부다. 어머니의 뜻에 따라 다른 여자와 약혼할 때까지 무려 14년을 함께한다. 그 이유에 대해서는 정확하지 않지만『고백록』4권에서 우리는 그 답을 찾을 수 있다. 아우구스티누스는 육체적 사랑을 나누다 보면 원치 않는 아이가 태어난다고 하였다. 그러나 원인과 이유가 무엇이든 태어난 아기는 부모의 사랑을 강요한다고 쓰고 있다.

성 암브로시오
프란시스코 데 수르바란 作, 1626-
1627.

이를 미루어 보아 아우구스티누스는 동거생활을 통해 얻은 아들 때문에 동거녀를 사랑하게 되었고, 그 사랑에서 벗어나지 못한 것으로 보인다. 그 이유를 우리는 그의 아들 이름에서 찾아볼 수 있다. 아우구스티누스는 아들 이름을 '신의 축복A deo datus'이란 의미로 아데오다투스라고 지었다. 그리고 어머니의 뜻에 따라 동거녀와 헤어졌지만 아들과의 생활은 이어 갈 뿐 아니라 암브로시우스 주교로부터 함께 가톨릭 세례까지 받았다. 그러나 신의 뜻인지 아니면 운명인지 모르지만 아들은 동거녀와 헤어진 뒤 3년을 넘기지 못하고 죽는다. 아데오다투스가 정확하게 언제 죽었는지는 모르지만 아우구스티누스는 아들이 죽은 다음 가톨릭 신부가 된다.

아우구스티누스의 육체적 사랑은 마니교를 믿는 시기와 일치한다. 그리고 가톨릭으로 개종하면서 그의 육체적 사랑도 끝이 난다. 철학사에서는 어머니 모니카의 기도와 희생으로 이것을 설명하고 있다. 하지만 아우구스티누스는 가족의 사랑으로 이를 설명한다. 이런 관점에서 가족의 사랑은 육체적 사랑까지도 이길 수 있음을 우리는 최소한 아우구스티누스에서 찾아볼 수 있다.

○ 순결과 동정에 대하여

아우구스티누스는 아들을 잃은 다음 지금의 알제리 안나바Annaba인 히포로 돌아와 서품을 받고 가톨릭 신부가 된다. 이 시기 로마제국은 동서로 서서히 분리되고 있었다. 아우구스티누스는 히포에서 부주교를 거쳐 주교가 되어 알제리 지역의 정신적 지주가 되었다.

이후 아우구스티누스는 많은 저서를 남기는데 특히 401년 결혼과 관련된 저서인 『결혼의 선함에 대하여De Bono Conjugali』와 『처녀성에 대하여De Virginitate』를 남겼다. 아우구스티누스는 『처녀성에 대하여』에서는 여자의 순결뿐 아니라 남자의 동정까지도 중요하다는 입장을 유지한다. 물론 아우구스티누스는 가톨릭 사제, 수사, 그리고 수녀에 한하여 이런 엄격한 육체적 사랑의 문제를 규정하고 있다. 그렇다고 일반인에게 육체적 사랑의 중요성을 강조하지 않은 것은 아니다.

이런 관점에서 아우구스티누스의 동정이나 순결은 결혼한 부부에게도 적용된다. 결혼생활을 잘 유지하려거나 선하게 유지하려면 부부의 정직이 가장 먼저라고 아우구스티누스는 주장하고 있다. 결혼생활 그 자체가 법적이기 때문에 부부는 어떤 경우에도 결혼서약을 지켜야 하며, 육체적 사랑은 절제가 우선되어야 하고 성생활에는 신뢰가 뒤따라야 한다는 것을 강조한다.

부부의 결혼생활은 세속적인 기대나 육체적인 즐거움이 우선되어야 하는 것이 아니라 결혼의 의미와 결혼을 허락한 하나님의 뜻을 먼저 알아야 한다. 그렇기 때문에 아우구스티누스는 육체적 욕망이나 사랑에 빠져 절제가 불가능한 사람은 결혼을 하라고 당부한다. 물론 이런 당부는 결혼생활을 하는 동안은 어떤 경우에도 육체적 사랑의 절제와 결혼서약을 지키는 것을 전제로 할 때 가능하다. 부부의 이런 정직, 합법성, 그리고 절제의 결실이 바로 자식이다. 부부의 사랑이 맺은 결실이 자녀이기 때문에 아우구스티누스는 가장 진지하게 자식의 미래를 생각하고 부부가 함께 논의하고 토론한 다음 자녀의 목표나 목적을 정하고, 협력을 통한 교육이 이루어져야 한다고 주장한다.

중요한 것은 육체적 사랑을 알고 순결과 동정을 이미 상실한 남자와 여자는 한 남자 혹은 한 여자로 만족하지 못한다는 것을 아우구스티누스는 카르타고에서 이미 경험하였다. 결혼 전의 많은 남녀는 육체적 사랑에 빠져 결혼보다 오히려 동거를 즐기고, 한 사람보다 여러 사람과 육체적 사랑을 나누는 것이 더 즐겁다는 것을 알고 있다. 이런 점에서 아우구스티누스는 처음부터 육체적 사랑의 쾌감이나 즐거움을 알지 못한다면 오히려 순결과 동정을 지키는 것이 쉽다고 판단했고, 결혼생활도 부부만의 육체적 사랑으로 절제가 가능하다고 생각했다.

아우구스티누스는 마니교를 믿던 시기와 다르게 가톨릭 사제가 된 이후 결혼해야 할 사람과 하지 말아야 할 사람이 있음을 분명하게 알게 되었다. 그리고 결혼해야 할 사람도 결혼하지 말아야 할 사람과 같은 관점에서 순결과 동정이 중요함을 강조하였다. 예로부터 순결과 동정은 첫날밤 신랑과 신부가 서로에게 주는 선물이라는 말이 전해지고 있다. 아우구스티누스의 생각도 여기에 있는 것 같다. 독신으로 살아야 할 사람에게는 독신이 결혼보다 더 좋은 이유가 있으며, 결혼해서 살아야 하는 사람에게는 육체적 욕망을 좇아 방탕한 생활을 하는 것보다 절제를 통해 부부 사이에 육체적 사랑을 국한시키는 것이 더 좋은 이유가 있다. 이런 관점에서 아우구스티누스에게 독신과 결혼은 같은 것이다.

가톨릭 사제와 수사처럼 결혼하지 않는 남자는 하나님만을 기쁘게 할 것을 생각하면 되고, 결혼한 남자는 아내와 가족만을 기쁘게 할 것을 생각하면 된다. 그리고 가톨릭의 수녀처럼 결혼하지 않는 여자는 역시 하나님의 뜻이 어디에 있는지 생각하고, 결혼한 여자는 어떻게 하면 남편을 기쁘게 하고 마음을 나눌 것인가를 생각하면 된다. 이렇게 순결과 동정은 한 사람을 위한 것이기 때문에 독신과 결혼은 같을 수밖에 없다는 것이 아우구스티누스의 생각이다.

❍ 결혼과 성적 욕망에 대하여

아우구스티누스가 『처녀성에 대하여』에서 주장했던 것은 독신이든 결혼한 사람이든 정신과 육체를 정결하게 갖는 것이 하나님, 그리고 결혼한 상대방에 대한 의무라고 믿었다. 뿐만 아니라 동정과 순결을 강조하면서 결혼 상대자를 속이는 어떤 불륜도 금지하고 있다. 이는 곧 남자든 여자든 육체적 욕망이나 사랑의 유혹으로부터 벗어나기 힘들다는 것을 의미하기도 하다. 아우구스티누스 스스로도 육체적 욕망에서 벗어나지 못함을 『고백록』 여기저기서 서술하고 있다. 특히 6권 14장에서는 어머니의 뜻에 따라 자신의 아들을 낳아 준 여자와 헤어진 다음 육체적 욕망을 이기지 못해 다른 여자를 만날 수밖에 없음을 설명하고 있다. 이때 아우구스티누스는 자신이 결혼 자체를 사랑하기보다는 오히려 육체적 욕망의 노예가 되었다고 얘기하고 있다.

하지만 아우구스티누스는 이성으로 충분히 이런 육체적 욕망을 억누를 수 있다고 믿었다. 하지만 이 이성을 통제할 수 없는 시간이 있는데 그것은 잠자는 시간이다. 『고백록』 10권 30장에서 아우구스티누스는 이성 덕분에 육체적 욕망을 잘 누를 수 있지만, 잠만 들면 이 이성은 어디론가 사라진다는 것이다. 이 이성이 사라지면 아우구스티누스도 육체적 욕망을 도저히 통제할 수 없다고 주장한다. 그리고 깨어 있는 동안과 반대로 잠든 사이에는 완전히 다른 사람으로 돌변한다며 이성으로나마 육체적 욕정을 막을 수 있다고 주장한다.

그러나 아우구스티누스는 『고백록』 8권 11장에서 육체적 욕망을 악이라고 표현하고 있다. 악은 나쁜 것이고, 이 나쁜 악의 사슬을 자신의 마음속에서 끊어 버리려고 할 때마다 자신과 육체적 관계를 맺었던 여자들이 나타나 속삭인다는 것이다. 그 여인들의 속삭임 속에는 육체적 욕망을 끊는 순간 아우구스티누스는 아무것도 할 수 없다는 것이 담겨 있다. 이런 점에서 아우구스티누스는 스스로 여자 없이 견딜 수 있는가를 물을 정도로 육체의 노예가 되어 있었다. 아우구스티누스는 『결혼과 성적 욕망에 대하여 De Nuptiis et Concupiscientia』를 419년부터 서술하기 시작하여 421년에 완성한다. 이 저서에서도 아우구스티누스는 육체적 욕망을 악이라는 관점에서 접근하고 있다. 동물이든 인간이든 종족번식을 위해서는 성관계를 맺을 수밖에 없다. 동물과 다르게 인간은 후손을 얻기 위해 결혼이라는 합법적인 절차가 있다. 육체적인 욕망이 악인 이유는 이 결혼의 특징이나 특성과는 아무런 관계가 없다. 단지 아담과 이브의 원죄에서 기원한다고 아우구스티누스는 보고 있다.

인간은 후손을 얻기 위해서 원죄보다 결혼을 정당화한다. 인간은 후손을 얻기 위해서 결혼을 할까 아니면 육체적 욕망을 억누르지 못해 결혼을 할까? 최소한 그것이 무엇이든 하나님은 인간이 결혼을 통해 후손을 얻는 것은 충분히 이해하고 용서한다고 아우구스티누스는 보고 있다. 그렇기 때문에 동서고금을 막론하고 불륜을 저지르는 남자나 여자는 용서하지 않는다. 부부 사이의 믿음이 없으면 순결도 동정도 없기 때문이다. 그렇기 때문에 진정한 순결과 동정은 확실한 믿음에서 나오는 것이다.

여기서 우리는 하나의 의문을 갖는다. 어떤 사회나 국가에서는 한 남자가 여러 여자를 아내로 맞이하거나, 반대로 한 여자가 여러 남자를 남편으로 맞이하는 경우가 있다. 그러나 후자보다 전자가 더 일반적이다. 왜일까? 이유는 간단하다. 후손이라는 관점에서 보면 그 답은 의외로 간단하다. 한 여자가 여러 남자를 남편으로 데리고 살아도 여자가 생산할 수 있는 자식 숫자는 정해져 있다. 그러나 그 반대는 상황이 다르다. 한 남자가 여러 여자를 아내로 맞이하면 더 많은 자식을 생산할 수 있다. 이런 관점에서 일반적으로 한 남자는 여러 여자를 부인으로 두거나 첩을 두었다. 이것을 육체적 욕망의 관점으로 보지 말고 후손이라는 관점에서 보라고 아우구스티누스는 주장한다.

물론 육체적 욕정을 채우기 위해서 결혼을 하거나 여러 남편이나 부인을 두는 사람도 있다. 바로 여기서 아우구스티누스는 악이라는 점을 강조한다. 후손이 목적이 아니라 욕정을 채우기 위해서 결혼을 한다면, 그것은 분명 악이다. 하나님은 인간에게 후손을 위해 결혼을 허락하였지, 욕정을 위해 허락한 것이 아니기 때문이다. 그렇기 때문에 결혼은 후손이라는 풍성한 열매를 약속하지만, 욕정은 결코 그런 것을 약속하지 않는다.

오늘날 많은 남녀가 다양한 이유로 결혼을 미루고 있다. 하지만 그들은 육체적 욕망을 이기지 못하고 여러 가지 방법으로 성생활을 한다. 또 어떤 남녀는 정착이나 안정된 삶을 주장하면서 결혼을 한다. 하지만 이들도 후손을 미루기는 마찬가지다. 혼자보다는 둘, 둘보다는 셋 혹은 넷이 더 풍요로운 삶이라는 것을 사회는 강조하지만 결혼을 앞둔 젊은이에게는 공허한 메아리일 뿐이다. 이런 점에서 요즘 젊은 남녀는 결혼이 육체적 욕망을 위한 것인지 후손을 위한 것인지 그 이유를 잘 모르고 있는 것 같다. 아우구스티누스의 주장이 새삼 그리워진다.

○ 결혼의 선함에 대하여

결혼의 목적이 무엇일까? 아니 결혼을 한 다음 지켜야 할 것은 무엇일까? 결혼이란 단어와 함께 생각해야 할 것이 참 많다. 그래서 결혼은 어쩌면 참 어려운 것인지도 모른다. 결혼이 무엇이든 결혼하는 사람에게는 지켜야 할 의무와 권리가 분명 있을 것이다. 그런데 재미있는 것은 결혼이 주는 의무와 권리는 결혼식장에서 주례선생님이 목소리 높여 묻는 질문에 다 나와 있다. 그리고 결혼하는 신랑과 신부는 이 질문에 목청껏 '예'라고 답한다. 아니 '예'라고 답하지 않으면 결혼이 성립되지 않을까 봐 무서워서하는 것인지도 모르겠다. 그러나 분명한 것은 '예'라고 말한다.

결혼서약이 어떻게 만들어졌고, 왜 항상 비슷한 내용을 서약하라고 하는지는 모르겠다. 그러나 그 내용을 보면 셋으로 압축할 수 있다. 아들딸 많이 낳기, 불륜 저지르지 말기, 그리고 한 사람과만 죽을 때까지 같이 살기, 이렇게 셋이다. 참 어려운 부탁이다. 이렇게 엄청난 세 가지 조건을 내세우며 결혼을 하겠다는 예비 신랑신부에게 서약하라고 강요한다. 무슨 배짱으로 '예'라고, 그것도 숨도 쉬지 않고 대답하는지 신랑과 신부를 보면 참 안타까울 뿐이다.

그러나 하늘이 무너져도 솟아날 구멍은 있다고 전혀 답이 없는 것은 아니다. 그 답이 비록 답답하고 어설프긴 하지만 말이다. 그 답은 죽으나 사나 한 사람과 그냥 결혼생활을 열심히 오래하는 것이다. 아우구스티누스는 『결혼의 선함에 대하여』에서 부부관계는 하나님이 주신 복이라며, 결혼이 갖는 특권 혹은 좋은 것, 즉 선함에 대해서도 얘기하고 있다. 결혼의 목적은 당연히 후손을 얻기 위함이다. 후손을 위해서 저지르는 육체적 욕정을 하나님도 용서해 준다는 것이다. 어쩌면 하나님은 후손을 위해서만 결혼을 인정하고 육체적 성생활을 인정하고 있는지도 모른다. 그러나 아우구스티누스는 더 나아가 자식을 더 이상 낳을 수 없는 육체가 되어도 육체적 욕정을 위해 다른 남자나 여자가 아닌 부부간의 성관계를 인정한 것이 결혼의 선함이라고 주장한다.

　물론 여기에도 조건조항은 있다. 결혼을 핑계로 육체적 성욕을 충족시키기 위해서 여러 가지 수단과 방법을 다하여 피임을 하면서 자녀를 생산하지 않는 것은 결코 결혼이라고 할 수 없다. 즉 결혼을 핑계로 남자나 여자가 육체적 성욕만 충족시킨다면 그것은 선한 결혼이 아니다. 결국 정당한 부부관계가 성립하려면 오늘날 결혼식장에서 이루어지는 결혼서약에 나오는 내용은 무조건 지켜야 한다는 것이다. 이런 관점에서 아우구스티누스가 주장하는 결혼의 선함은 한 남자 혹은 여자와 평생을 같이하면서 능력이 허락하는 날까지 자식을 낳고 육체가 허락하는 날까지 다른 남자와 여자가 아닌 부부 사이에서만 육체적 성생활을 하는 것을 뜻한다. 한 걸음 더 나아가 아우구스티누스는 여기에 시기, 즉 때를 더 붙인다. 결국 결혼의 선함은 후손을 위한 육체적 성관계만으로 한정한다. 부부가 더 이상 자식을 낳을 수 없을 '때'가 되면 더 이상 정욕에 휘둘리지 말고 마치 독신처럼 순결과 동정을 지키는 것이 더 선한 결혼생활이라고 아우구스티누스는 주장한다.

　물론 동서고금에는 결혼의 유혹에서 벗어난 사람이나 여러 형태의 육체적 유혹에서 이겨낸 사람도 헤아릴 수 없이 많다. 아우구스티누스는 이런 사람에게 결혼의 선함을 들려주고자 하는 것은 아니다. 결혼한 사람이나 결혼생활을 하면서도 후손을 생각하지 않는 사람이나, 배우자가 있음에도 불구하고 다른 사람과 불륜을 저지르는 사람, 그

결혼서약
아우구스티누스가 주장하는 결혼의 선함은 남자와 여자가 아닌 결혼서약을 한 부부 사이에서만 육체적 성생활을 하는 것을 뜻한다. 요한 루트비히 크림 作, 'The Country Wedding', 1820.

리고 사별이나 이혼을 하자마자 다른 사람을 찾는 사람을 두고 하는 말이다. 심지어 다른 사람과 재혼하기 위해서 남편이나 부인을 살해하거나 이혼을 서두르는 사람도 적지 않다는 것이 더 큰 문제다.

아우구스티누스의 이런 주장을 지키는 것은 결혼식장에서 결혼서약에 대해서 '예'라고 대답하는 것보다 더 어렵다. 아우구스티누스 시대도 오늘날처럼 결혼의 선함을 지키는 사람이 그렇게 많지 않았나 보다. 그 시대도 많은 사람이 결혼하지 않고 동거만 하려 하였고, 과부나 홀아비가 된 사람도 재혼하지 않고 육체적 욕정만 채우려 했다. 그때의 모습이나 오늘날의 모습이나 크게 다르지 않다.

만약 결혼식장에서 신랑이나 신부가 결혼서약에 대해서 '예'라고 하지 않으면 어떻게 될까? 결혼 전 이런 생각을 한 사람이 있긴 할까? 물론 그렇다. 우리는 자주는 아니지만 결혼식장에 나타나지 않는 신랑이나 신부의 얘기를 듣는다. 혹은 결혼식장을 잡고 청첩장을 돌리고 모든 결혼 준비를 마친 다음 결혼식 당일 혹은 며칠 전 결혼을 할 수 없게 되었다는 사과의 문자나 전화를 받은 적도 종종 있다. 또 결혼식장에서 결혼서약에 대해서 한참 뜸을 들이다 '아니오'라고 답하는 것을 영화나 소설 속에서 종종 보거나 읽는다.

결혼서약에 대해서 '예'라고 대답하기 위해서는 정말 많은 것을 생각해야 한다. 어쩌면 절대적인 용기가 필요한지도 모른다. 그보다 더 많은 용기가 필요한 것은 '아니오'라고 답하는 것이다. 이제 우리는 그 용기를 부릴 때가 된 것 같다. 아우구스티누스가 주장한 결혼의 선함을 지킬 자신이 없다면 결혼식장에서든 그 전이든 아니면 그 이후라도 자신 있게 '아니오'라고 답하자. 그게 오늘날 참 좋고 선한 결혼에 대한 우리의 의무와 권리가 아니겠는가!

아벨라르의 사랑

전설이 된 수도사제와 수녀의 사랑

○ 제자에게 반한 스승 아벨라르

철학자 아벨라르두스Petrus Abaelardus, 1079-1142는 스콜라철학 초기의 큰 과제였던 보편논쟁을 끝낸 사상가로 통한다. 아벨라르두스는 중세 초기에 가장 탁월한 재능을 가졌으며 다정다감하였지만 이기적이어서 다른 사람과 어울리는 것이 쉽지 않은 사람이었다. 특히 논리적인 그는 논쟁을 좋아하여 상대가 비록 스승이라 하여도 결코 물러나지 않았다. 이런 그의 성격 탓으로 스스로 불행의 길을 걸어야 했다.

사랑에 논리나 논쟁이 있을 수 있을까? 이성이 마비되지 않으면 사랑할 수가 없다고 했다. 이는 곧 사랑에는 이성적 논리가 통하지 않는다는 뜻이다. 논리를 바탕으로 보편논쟁을 잠재운 지극히 논리적인 아벨라르두스의 사랑은 어떨까? 우리에게 잘 알려져 있는 아벨라르두스와 그의 제자 엘로이사Eloysa 혹은 Heloisa, 1095년경~1164년경의 사랑은 스승과 제자 사이를 뛰어넘는 애끓는 사랑이다.

아벨라르두스가 남긴 철학적 업적과 연구는 19세기에 와서 쿠상Victor Cousin, 1792~1867과 미뉴Jacques Paul Migne, 1800~1875에 의해서 전집으로 간행되었다. 특히 아벨라르두스의 사랑에 관해서는 이 두 전집 중에서 아벨라르두스와 엘로이사가 주고받은 편지만을 발췌하여 출판하였다. 출판된 책의 제목이나 편집인은 다양하지만 일반적으로 『아벨라르Pierre Abélard와 엘로이즈Héloïse의 사랑』으로 표기되면서 두 사람의 이름도 라틴어가 아닌 프랑스어 발음으로 불리게 되었다.

프랑스 낭트 옆의 조그마한 도시 팔레Pallet에서 태어난 아벨라르는 논리학과 변증법, 그리고 신학을 배운 다음 자신의 학교를 세워 학생을 가르쳤다. 1108년 파리에 온 아벨라르는 신학을 더 공부한 다음 1114년 노트르담 대성당 학교의 교사가 된다. 탁월한 재능을 가졌지만 논쟁을 좋아하고 반대파를 용납하지 못하는 아벨라르는 스승과의 논쟁도 피하지 않았고, 논쟁에서 진 스승에 대해서는 가차 없이 멸시를 퍼부었다.

아벨라르의 운명적 사랑은 1118년 초부터 시작된다. 39살의 아벨라르가 17살의 엘로이즈를 본 순간 모든 이성은 사라지고 사랑의 감정만 남게 된다. 고대 그리스어, 라틴어, 히브리어까지 익힌 엘로이즈는 그야말로 재색을 겸비한 여성이었다. 어리지만 누구 못지않게 탁월한 재능을 가진 엘로이즈도 이미 파리에서 유명세를 타고 있는 철학자 아벨라르를 보는 순간 사랑의 포로가 되고 말았다.

아벨라르와 엘로이즈
장 비뇨 作, 1819.

엘로이즈는 삼촌이며 후견인인 필베르Fulbert, 1060년경-1142와 함께 살고 있었다. 필베르는 당시 노트르담 대성당에서 주교를 보좌하는 부제로 지내고 있었다. 사랑에 빠진 아벨라르는 필베르에게 부탁하여 엘로이즈의 가정교사가 된다. 재색을 겸비한 엘로이즈와 이미 파리의 학계의 신성으로 떠오른 아벨라르는 스승과 제자의 관계로 이렇게 만났지만 이미 사랑에 빠진 두 사람에게 학문은 아무런 의미가 없었다. 하지만 한 지붕 밑에 일어나는 일을 한 지붕 밑에 사는 사람이 모를 리 있겠는가! 필베르의 분노는 하늘을 찔렀지만 겉으로는 태연하게 행동한다.

둘은 서로 사랑하게 되었고 그 결과물인 아들 아스트랄라브Astralabius, Astralabe를 얻었다. 아들까지 생기자 필베르도 어쩌지 못했다. 결국 일가친척만 모인 상태에서 두 사람은 결혼식을 올렸다. 하지만 시간이 지날수록 퓔베르는 엘로이즈를 학대하고 괴롭히기 시작했다. 결국 아벨라르는 퓔베르로부터 엘로이즈를 보호하기 위해서 아르장퇴유 Argenteuil의 베네딕트 수도원에 숨긴다. 이 사실을 안 퓔베르는 더욱 격분하여 1118년 아벨라르의 하인을 돈으로 매수하여 잠든 아벨라르의 성기를 자르게 한다.

우연인지 필연인지 모르는 뜻하지 않는 사건을 당한 사람은 원하지도 생각지도 못한 전혀 새로운 길을 가게 될 수도 있다. 아벨라르와 엘로이즈가 그랬다. 일명 거세사건 이후 아벨라르는 종교적인 요구보다는 수치심 때문에 수사가 되어 생 드니Saint-Denis수도원에 입회한다. 그리고 엘로이즈는 잠시 숨어 살기 위해 택한 수녀원에서 수녀가 되어 평생을 지낸다.

두 사람은 각자의 영역에서 최선을 다하여 살았다. 엘로이즈는 말년에 수녀원의 원장이 되어 다른 수녀를 가르치며 살았고, 아벨라르는 가톨릭 사제가 되어 수도원장 신부가 되며, 수도원의 최고 자리인 아빠스Abbas 신부까지 오른다.

● 39살 숫총각의 첫 사랑

아벨라르가 신부가 된 것만큼 알 수 없는 것은 폐쇄된 공간인 수도원과 수녀원 사이에 어떻게 편지가, 그것도 사랑의 편지가 오갔으며 보관되고 있었느냐는 것이다. 이유야 어찌 되었던 엘로이즈가 마지막 수녀생활을 한 프랑스 북부 트루아 Troyes 근처 파라클레트Paraclete 수녀원 도서관에 남아 있던 두 사람의 편지를 누군가가 필사했을 것이다. 그리고 이 필사본을 발견한 장 드 묑 Jean de Meung, 1240~1305은 아벨라르와 엘로이즈의 애틋한 사랑을 소설『장미 이야기 Roman de la Rose』로 다시 탄생시켰다.

아벨라르가 어느 수사에게 보낸 편지를 우리는『아벨라르의 불행한 이야기』라고 말한다. 이 편지에 따르면 퓔베르의 허락으로 엘로이즈의 가정교사가 된 39살의 아벨라르는 공부만 한 전형적인 모범생이다. 사랑의 감정으로 이성을 완전히 상실한 아벨라르는 처음부터 제사보다는 젯밥에 관심이 있었기 때문에 공부는 완전히 뒷전이었다. 그때까지 자신이 쌓아 올린 철학적 업적, 성공과 지위가 한순간에 사라질지도 모른다는 생각을 한 번도 하지 않았다. 아니, 아예 그런 생각조차 하지 않은 너무나 경솔한 행동을 아벨라르는 보여 주었다.

남녀 간의 성적 관계나 사랑의 경험이 전혀 없었던 39살 숫총각 아벨라르는 엘로이즈의 공부방에서 공부하는 시간보다 별실에서 보내는 시간이 더 많았으며, 철학적 학문을 논하기보다 키스를 더 많이 하였으며, 손가락은 책 속의 글자를 가리키지 않고 엘로이즈의 가슴을 더 자주 만지면서 너무나 무모한 불장난과 같은 모험을 하면서 지냈다. 촉망받는 학자로 미래의 노트르담 학교장 지위까지 확보한 아벨라르는 처음 접한 육체적 유혹과 성생활에 도취되어 도저히 빠져나올 수 없는 수렁으로 들어가고 있었다.

아벨라르는 밤에는 사랑으로 지새우고 낮에는 연구로 서서히 지쳐 가고 있었다. 결국 아벨라르는 사랑과 연구 중 한 가지를 택하는데 그것은 안타깝게도 사랑이었다. 학교에서는 더 이상 예지나 총명함을 찾아볼 수 없었다. 강의를 위해 더 이상 연구를 하지 않았기 때문에 새로운 내용을 학생에게 가르칠 수 없었으며, 단지 타성에 젖어 이미 가르친 것을 반복해서 읊조릴 뿐이었다. 혹 아벨라르가 얘기하는 것 중에서 새로운 것이 있다면 그것은 단지 사랑에서 나오는 육체적 성생활의 기쁨뿐이었다. 아벨라르의 이런 어처구니없는 행동을 학생들이 모를 리 없었고, 그들이 받는 혼란이나 충격을 아벨라르도 모를 리 없었다. 스승은 사랑의 혼란에서 벗어나지 못하는 자신을 혐오하고, 제자는 스승의 행동에 충격받아 고통스러워하였다.

사랑이 먼저일까 아니면 학문이 먼저일까? 사랑에 빠진 아벨라르가 가장 고통스러워했던 것은 바로 이 문제였다. 육체적 쾌락에 빠진 숫총각을 상상해 보라. 그것도 엘로이즈처럼 아름답고 재능 있는 여자와 하루 종일 같은 공간에서 머물 수 있다고 생각해 보라. 책의 내용이 눈에 들어오며, 연구가 제대로 되겠는가! 그뿐 아니다. 사랑하는 여자가 너무나 멋있는 아들까지 낳아 주었다. 문제는 이 아들이 너무나 도덕적인 그것도 노트르담 학교 교사가 가정교사로 들어간 집에서 공부를 가르쳐야 할 학생과 함께 낳았다는 것이다. 아벨라르는 도덕적으로 치명적인 손상을 입을 수 있다.

게다가 결혼 전에 이룬 이 가정을 어떻게 하느냐가 더 큰 문제다. 사랑에 눈 멀고 이성을 잃어버린 아벨라르는 엘로이즈와 함께 모든 것을 다 버리고 가정을 꾸리자고 한다. 하지만 엘로이즈의 생각은 달랐다. 가정과 학문은 공존할 수 없으며, 철학자가 사랑해야 할 것은 철학이지 여자나 가족이 아니라며 스스로 아내이기보다는 애인으로 남기를 원한다. 엘로이즈는 아벨라르의 사랑만 있으면 모든 것을 다이겨 낼 수 있다고 주장한다.

문제는 두 사람 사이에서 생겼지만 해결은 두 사람이 할 수 있는 것이 아니었다. 너무나 질녀를 믿고 아벨라르를 사랑했던 퓔베르는 이문제를 잘 해결하고 싶은 마음이 전혀 없었다. 결국 두 사람은 퓔베르의 힘을 이기지 못하고 자신들의 사랑도 지키지 못하고 가정도 지키지 못한 채 전혀 원하지 않는 길을 택하였다.

이때 우리는 운명의 장난이라는 말을 한다. 그렇다. 마흔을 바라보는 나이에 첫사랑에 빠져 여자의 육체를 처음 접한 아벨라르는 전혀자신이 원하지 않는 길을 가야 했다. 이 정도면 우리는 충분히 운명의장난이란 말을 사용할 수 있을 것이다.

○ 아내보다 애인이기를 원한
엘로이즈

이름 모를 수사를 위로하기 위해 아벨라르가 보낸 편지는 자서전 형식으로 『나의 불행한 이야기』로 잘 알려져 있다. 이 편지를 어떻게 엘로이즈가 보게 되었는지는 분명하지않지만 엘로이즈는 그 편지를 보고 아벨라르에게 편지를 보낸다. 이것이 엘로이즈의 첫 번째 사랑의 편지다. 이 첫 번째 사랑의 편지에서우리는 아벨라르에 대한 엘로이즈의 사랑을 알 수 있다.

퓔베르가 무서워 아벨라르는 엘로이즈를 수녀원으로 피신시켰다. 그리고 그곳에서 엘로이즈는 아벨라르가 퓔베르로부터 당한 일을 모두 알게 된다. 이 모든 것이 자신에서 시작된 것이라고 자책하면서 누군가로부터 위로를 바란다. 하지만 엘로이즈가 원하는 위로는 그 어떤 누구도 아닌 바로 아벨라르다. 엘로이즈는 자신을 슬프게도 기쁘게도 할 수 있는 사람은 오직 아벨라르뿐이라고 생각했기 때문에 다른 어떤 사람도, 사랑도 원하지 않았다.

엘로이즈는 처음 아벨라르를 만나 사랑에 빠지고 육체적 관계를 맺고, 자식을 낳고 결혼을 하면서 바란 것은 오직 아벨라르뿐이라고 주장한다. 아벨라르의 외적인 재산이나 능력 혹은 학문적인 업적 등은 전혀 원하지도 않았고 바라지도 않았다는 것이다. 그렇기 때문에 엘로이즈는 오직 아벨라르에 대한 생각뿐이었으며, 주고픈 것은 마음뿐이었다. 그래서 엘로이즈는 아내나 부인이라는 칭호보다는 애인이라는 말이 더 감미롭게 느껴진다고 하였다. 혹 자신이 아벨라르의 첩이나 창녀로 불려도 전혀 상관없다고 하였다. 아벨라르를 위해서라면 엘로이즈는 스스로 낮아지는 것은 아무것도 아니라고 생각했다.

엘로이즈는 애인, 첩, 혹은 창녀로 불리는 것이 오히려 아벨라르의 사랑을 독차지할 수 있는 방법이라고 생각했으며, 아벨라르의 명예나 지위가 손상되지 않고 지켜질 수 있다고 믿었기 때문이다. 심지어 엘로이즈는 로마제국의 초대 황제인 아우구스티누스의 부인이 되어 로마제국의 황후로 불리는 것보다는 오히려 아벨라르의 창녀로 불리는 것이 더 좋다고 하였다. 창녀는 돈 때문에 몸을 팔기 때문에 잠자리를 같이하는 손님의 인격이나 학문적 업적은 전혀 중요하지 않고 단지 재물이나 화대만 생각한다. 이런 창녀를 사랑하는 사람은 일반적으로 많지 않지만 그래도 누군가는 이런 창녀를 사랑하기도 한다. 엘로이즈는 그 누군가가 아벨라르이고, 그의 사랑을 받을수만 있다면 그의 창녀로 불리어도 상관없다고 생각했다.

여기서 우리는 엘로이즈의 사랑의 관점이 조금 변한 것을 엿볼 수 있다. 재물이나 지위 혹은 명예가 그녀에게 아무런 의미가 없는 것은 변함이 없지만, 학문적 재능과 명성에 관한 사랑의 조건은 처음 생각과 다름을 알 수 있다. 엘로이즈는 아벨라르의 철학적 명성이나 학덕이야말로 어떤 황제나 다른 어떤 사상가와 비교할 수 없이 높았다고 주장한다. 아벨라르를 본 모든 여자는 유부녀든 처녀든 관계없이 아벨라르를 그리워하며 품에 안기기를 바란다고 엘로이즈는 믿었다. 그렇기 때문에 세상의 어떤 황후나 공주도 아벨라르의 품에 안겨 사랑을 나누고 육체적인 관계를 맺으며 기뻐하는 엘로이즈 자신을 부러워한다는 것이다.

아벨라르는 퓔베르에 의해서 거세되었다. 그 후 아벨라르는 찾아가는 것은 둘째 치고 어떤 소식도 엘로이즈에게 전하지 않았다. 여기서 엘로이즈는 의문을 던진다. 아니 이 의문은 엘로이즈의 의문이라기보다 당시 많은 사람의 추측이다. 왜 아벨라르는 엘로이즈와 연락을 끊었을까? 엘로이즈와 다른 사람의 추측은 아벨라르의 사랑이 소위 말하는 정신적인 것이 아니라 육체적인 것이었다는 데 무게를 둔다. 즉 숫총각 아벨라르는 육체적 정욕 때문에 엘로이즈를 사랑했지만, 거세된 이후에는 더 이상 성적인 충족을 얻을 수 없기 때문에 엘로이즈를 더 이상 만날 필요가 없었던 것은 아닌가 하는 것이다.

그 이유는 아벨라르 외에는 아무도 모른다. 엘로이즈도 모른다. 다른 사람은 추측할 뿐이다. 하지만 엘로이즈는 아벨라르만을 위해서 살아왔다는 사실을 분명하게 첫 번째 사랑편지에서 밝히고 있다. 즉 엘로이즈는 재물도 명예도 육체적인 정욕도 아닌 아벨라르만을 순수하게 사랑하고 받들었다. 이 정도의 사랑이라면 부인이나 아내보다 애인, 첩, 혹은 창녀로 남고 싶은 엘로이즈의 순수한 사랑이 무엇인지 알 수 있을 것 같지 않은가!

❍ 무엇으로도
끊을 수 없는 사랑

사랑의 조건이 무엇일까? 우리는 흔히 육체적 사랑보다 정신적 사랑을 강조한다. 뿐만 아니라 무슨 뜻인지 도저히 알 수 없는 플라토닉 러브까지 우리 앞에 던져 주면서 사랑하는 사람은 사랑의 종류를 골라야 할 것 같은 착각에 빠지게 한다. 아벨라르의 『나의 불행한 이야기』를 접한 엘로이즈가 보낸 첫 번째 사랑의 편지는 누가 보아도 분노의 편지다. 하지만 재색을 겸비한 엘로이즈는 수위를 적절하게 조절할 줄 아는 여성이었다. 엘로이즈의 편지를 쉽게 얘기하면 수녀원에 자신을 던져 놓고 한 번도 찾아오지 않은 이유가 거세되었기 때문이 아닌가. 그렇다면 결국 당신이 나를 사랑한 것은 단지 육체적 정욕 때문이지 않느냐. 이런 모든 표현에도 불구하고 엘로이즈는 모든 기쁨도 포기하고 아벨라르만 허락한다면 아내가 아니라 창녀로라도 남고 싶다는 강한 의지를 통해 자신의 사랑이 얼마나 간절하며 아직까지도 여전히 식지 않았다는 것을 얘기한다.

여기서 우리는 한 가지 의문을 갖는다. 과연 아벨라르는 『나의 불행한 이야기』를 엘로이즈가 읽으리라 생각했을까? 두 사람의 사랑을 풋사랑이라고 하자. 성적 욕망을 이기지 못한 젊은 남녀의 불같은 사랑이라고 하자. 하지만 『나의 불행한 이야기』가 알려진 시기는 다르다. 아벨라르는 한 수도원을 책임지는 아빠스 신부이고 엘로이즈 또한 분원장이긴 하지만 수녀원에서 젊은 수녀를 가르치며 책임 있는 위치에 있었다. 왜 두 사람만의 비밀스러운 얘기를 아벨라르는 공개했을까?

당시나 지금이나 종교적 지도자는 그 움직임만으로도 주목을 받는다. 그런 아벨라르가 알 수 없는 이유로 수도원을 함부로 옮기고 사랑의 편지를 주고 받았다. 정말 알 수 없는 일이다. 분명한 것은 엘로이즈의 편지를 받은 아벨라르의 태도다. 엘로이즈의 질문에 특별한 답도 없이 그냥 종교적으로나 학문적인 질문이 있으면 하나님이 허락하는 범위 안에서 가르쳐 주겠다는 이상한 내용의 답만 보낸다. 용감하게 『나의 불행한 이야기』를 저술할 때와는 전혀 다르게 엘로이즈의 답이 오히려 당황스럽다는 식의 편지 내용이다.

하지만 여기서 우리가 놓치지 말아야 할 것은 사후 시신의 처리 문제다. 아벨라르는 죽은 뒤 어디에 묻히든 나중에 엘로이즈가 있는 수녀원에 자신을 이장해 달라는 부탁을 한다. 가톨릭의 경우 부활을 인정하기 때문에 시신을 함부로 다루지는 않는다. 그리고 가톨릭 수도원의 사제와 수사 혹은 수녀는 한번 수도원에 입회하면 그곳에서 평생을 살다 그곳에 묻히는 것이 통상적이다. 아벨라르는 수도원을 옮겼지만 마지막으로 거처하던 수도원의 공동묘지에 묻히는 것이 당연하다. 그런데 엘로이즈에게 함께 묻히자고 간청한다. 이런 아벨라르의 간청은 엘로이즈의 편지를 가볍게 여기고 물음에 즉답은 피하지만 내세에는 함께하자는 제의나 마찬가지다.

바로 여기서 우리는 아벨라르가 엘로이즈를 여전히 사랑하고 있다는 것을 엿볼 수 있다. 이를 이해했는지는 모르지만 엘로이즈의 다음 편지는 더 노골적이다. 아무리 금욕을 하려 해도 함께 나눈 사랑의 기쁨이 너무나 크고 달콤하여 기도 도중에도 눈앞에 나타나 오히려 성욕을 자극하며 여러 가지 욕망에 불타 진정한 회개가 될 수 없다고 말한다. 하지만 이런 엘로이즈의 편지에도 불구하고 아벨라르는 대단한 집념을 발휘하며 분명한 자신의 뜻을 전한다.

아벨라르는 엘로이즈에게 살아 있을 때와 같이 죽은 다음에도 자신을 위해 기도해 줄 것을 부탁한다. 뿐만 아니라 엘로이즈에게 자신을 돌봐 줄 것도 부탁한다. 당시 귀족 사회에서는 주인을 돌보는 사람은 하인이나 종이다. 그러나 아벨라르는 하인이나 종의 돌봄보다 아내의 돌봄이 자신에게 더 필요하다고 한다. 알 듯 모를 듯한 이런 아벨라르의 표현을 우리는 어떻게 받아들여야 할까? 그리고 이런 아벨라르의 표현에도 불구하고 엘로이즈는 왜 끊임없이 사랑고백을 할까?

이런 엘로이즈의 애틋한 마음을 우리는 특히 아벨라르를 부르는 호칭이나 편지의 서두에서 찾아볼 수 있다. 『나의 불행한 이야기』를 제외하면 두 사람 사이에 오고간 편지는 모두 11통이다. 그중에서 앞의 4편의 편지는 사랑의 편지이고, 나머지 편지는 스승과 제자 혹은 수

아벨라르와 엘로이즈의 무덤

도 사제와 수녀로서 주고 받은 가톨릭 교의에 관한 내용이다. 엘로이즈가 보낸 첫 번째 교의의 편지 호칭은 '지극히 높으신 그녀의 주인에게, 충성스러운 그의 여종으로부터'라고 시작한다. '충성스런 여종'이란 표현에서 우리는 아내와 주인이란 아벨라르의 주장이 받아들여졌다고 볼 수 있으며, 엘로이즈가 주장하는 애인이나 첩 혹은 창녀로 남고 싶은 마음을 읽을 수 있다.

엘로이즈는 아벨라르보다 22년이나 더 살다가 자신의 무덤 옆에 아벨라르를 이장해 달라는 유언을 남긴다. 아벨라르의 소원은 엘로이즈가 죽으면서 이루어진다. 하지만 두 사람의 무덤은 현재 프랑스 파리 동쪽 페르 라셰즈Père Lachaise 공동묘지에 있다. 두 사람 모두 가톨릭 사제와 수녀인 것을 감안한다면 당연히 두 사람은 수도원에 묻혀야 한다. 하지만 수녀원이 해체되거나 두 사람의 가톨릭 신앙을 의심하는 등의 이유로 두 사람의 시신은 여기저기 옮겨 다녀야 했다. 하지만 두 사람의 아름다우면서도 애틋하고도 비극적인 사랑이 세상에 알려지면서 시신이라도 함께하기를 바라는 사람의 마음이 컸다. 그래서 합당한 장소를 찾기 위해 임시로 유해를 모신 곳이 페르 라셰즈이고, 결국 그곳이 두 사람의 안식처가 되었다.

엘로이즈와 아벨라르의 사랑을 중세의 가장 비극적인 사랑이라고 한다. 결혼 전에 육체적 사랑에 빠지고 더 나아가 자식을 낳고 비밀 결혼식을 올리고, 돌아서서 각자 수도원과 수녀원으로 입회하는 등, 당시로서는 상상도 할 수 없는 일이었다. 하지만 그들은 끝까지 함께했고 서로에 대한 사랑의 신의를 버리지 않았다. 그래서 우리는 두 사람의 사랑을 시대를 앞서가는 사랑이라 할 수 있고, 오늘날 우리에게 주는 교훈이 크다고 할 수 있다.

13

레오나르도 다 빈치의 사랑

어머니 사랑이 동성애의 원인

○ 레오나르도의 동성애적 기질

미국의 작가 댄 브라운Dan Brown, 1964-

은 스릴러 소설『다 빈치 코드The Da Vinci Code』를 출판한다. 파리 루브르 박물관에서 발생한 살인사건을 해결하기 위해서 브라운은 레오나르도 다 빈치Leonardo da Vinci, 1452-1519의 그림 '최후의 만찬'과 '모나리자' 등을 등장시킨다. 즉 숨겨진 암호를 찾는다는 것이다. 이런 시도는 프로이트에도 있었다. 프로이트는 1910년『레오나르도 다 빈치의 어린 시절 기억Die Kindheitserinnerung des Leonard da Vinci』을 발표한다. 이 책에서 프로이트는 레오나르도의 그림을 통해 그의 사랑에 대해서 설명하고 있다.

프로이트는 의사로서 정신분석이라는 새로운 분야를 연 심리학자이다. 그는 인간들이 감추고 싶거나 덮어 두고 싶은 것, 혹은 못 본 체하고 지나치고 싶은 것을 들춰내기를 좋아한다. 그래서 그는 성욕, 꿈, 신경증 등의 주제를 많이 다루었다. 대부분의 인간은 이런 것을 감추고 싶어하지만 프로이트는 미울 정도로 속속 끄집어내 파헤치고 설명한다. 물론 대부분의 사람은 이런 것이 속으로는 너무너무 궁금할지 모르지만 결코 남에게 얘기하지 않으려 한다. 레오나르도도 마찬가지였을 것이다. 그래서 레오나르도는 자신의 그림 속에 자신이 숨기고 싶은 것을 감추었는지도 모르겠다. 프로이트도 소설가 브라운도 인간의 이런 점을 잘 이용한 것 같다.

프로이트가 레오나르도 그림 속에서 가장 먼저 찾아낸 것은 레오나르도의 동성애적 기질이다. 레오나르도가 동성애자였는지 아닌지는 아무도 모른다. 하지만 프로이트는 레오나르도의 작품세계 속에는 그런 기질이 있다는 것이다. 프로이트는 레오나르도의 동성애적인 기질을 여러 가지 이유를 들어 설명하고 있지만, 프로이트는 특히 『레오나르도 다 빈치의 어린 시절 기억』 1장에서 크게 두 가지 정도로 압축한다.

첫째 이유로 프로이트는 레오나르도가 많은 작품을 미완성으로 남긴 것을 꼽는다. 가장 대표적인 것은 이탈리아 플로렌스의 유명한 정치가였던 지오콘도Francesco del Giocondo, 1460-1539의 부인 리자Lisa del Giocondo, 1479-1542의 초상화다. 우리에게는 리자 여사, 즉 모나리자Mona Lisa로 잘 알려져 있다. 레오나르도는 초상화 그리는 속도가 너무 느려 많은 시간이 지났는데도 의뢰받은 작품을 완성하지 못했다. 결국 레오나르도는 이 미완성 작품을 들고 프랑스로 갔고, 프랑수아François, 1494-1547 1세

모나리자
레오나르도 다 빈치 作. 1503-1506.

의 눈에 띄어 오늘날까지 루브르 박물관에 소장되어 있다.

여기서 프로이트는 레오나르도가 다른 예술가와 같이 충동적이고 불안정한 기질을 보이지만, 수동적이고 무관심한 태도도 있다고 보았다. 그래서 레오나르도는 경쟁이나 논쟁을 싫어하고 온화한 태도로 평정심을 잃지 않았다. 이런 성격 때문에 그는 작품을 그리는 속도가 아주 느렸다. 그는 작품에 몰두하였지만 그의 성격상 완성될 그림에 대한 가능성을 여러 가지로 열어 두었기 때문에 빠른 결정을 내리지 못하고 작업은 점점 느려질 수밖에 없었다.

특히 이런 성격을 가진 레오나르도는 여성을 대하는 태도도 남달랐다. 사실 레오나르도가 살았던 15세기에는 쾌락주의와 금욕주의가 팽팽하게 대립하고 있었다. 그리고 당시 예술품의 특성으로 볼 때 예술가는 여성의 관능미를 최대한으로 나타내려고 했다. 그러나 레오나르도는 육체적 성욕을 아주 가볍게 여기고 무시하였기 때문에 다른 예술가에서 나타나는 기질을 전혀 찾아볼 수 없다. 이렇게 여자를 대하는 태도 또한 냉정할 정도로 담담했다는 것이 프로이트가 레오나르도를 동성적인 기질이 있다고 보는 이유다.

두 번째 이유를 프로이트는 레오나르도의 수제자이며 후계자인 멜치Francesco Melzi, 1491 또는 1492-1570년경에게서 찾는다. 여성에 대해서 아무런 감정을 보이지 않던 레오나르도는 자신이 학생을 가르치는 위치에 오르면서 동성애적인 성향을 노출하기 시작한다. 레오나르도 선생님 주위에는 항상 잘생기고 젊고 활기 넘치는 소년으로 가득 차 있었다. 제자들 중에서 가장 어린 소년이 바로 멜치였다. 멜치는 레오나르

○

도와 프랑스로 가 그곳에서 함께 살았고 수제자가 되었다. 이런 멜치와의 관계를 두고 단지 예술적인 승화라고 주장하는 전기작가는 참 많다. 그리고 프로이트도 이런 이유로 레오나르도가 동성애자라고 할 수는 없다고 주장한다. 하지만 이런 것들이 레오나르도가 동성애적 기질이 있음을 보여 주는 증거일 수는 있다는 것이 프로이트의 생각이다.

○ 동성애자 레오나르도

레오나르도는 동성애적 기질을 타고 났을까 아니면 동성애자일까? 프로이트의 관심은 동성애자 쪽이다. 그렇다면 그 이유나 근거가 필요하다. 정신분석학자 프로이트는 세심하게 레오나르도가 남긴 많은 자료를 분석하고 종합한다. 특히 프로이트는『레오나르도 다 빈치의 어린 시절 기억』2장에서 레오나르도가 요람에 누워 있을 때 독수리Geier가 내려와 앉아 꼬리Schwanz, coda를 레오나르도의 입에 넣었다는 레오나르도의 기억에 주목한다.

프로이트의 정신분석에서 유아기의 기억은 아주 중요한 개념이다. 독수리의 꼬리가 자신의 입으로 들어온 것을 기억하고 있는 레오나르도는 동성애적인 기질을 가진 것이 아니라 동성애자라고 프로이트는 확신한다. 우리도 잘 알고 있듯이 '꼬리'는 동성애자의 은어로 남자의 성기를 상징한다. 즉 독수리가 자신의 꼬리를 어린 레오나르도의 입에 넣었다는 것은 동성애자의 성행위인 오랄 행위를 뜻한다. 이는 곧 성행위의 남성적이며 능동성이기보다는 여성적이며 수동적인 행위를 뜻한다.

성행위 중 오랄 행위가 동성애자에게만 나타나는 것은 아니다. 하지만 당시만 하여도 이성애자 간의 성행위에서 오랄 행위는 변태행위로 간주되었기 때문에 단지 환상적인 욕망에 불과했다. 하지만 프로이트는 레오나르도가 구체적으로 자신의 기억을 기록으로 남겼다는 것은 오랄 행위를 했다는 증거이며, 그렇기 때문에 동성애자라는 입장이다. 그 이유가 어디에 있을까? 프로이트는 레오나르도의 사생활과 유아기의 거세 콤플렉스를 그 이유로 들고 있다.

레오나르도는 예술가로서 어떤 누구도 따라올 수 없는, 그야말로 범접할 수 없는 명성을 남겼다. 그리고 나중에는 스승으로서 많은 제자를 둔다. 프로이트는 레오나르도의 제자 중에서 유명한 인물이 하나도 없다는 것에 주목한다. 물론 좋은 스승 아래 좋은 제자가 나오라는 법은 없지만 레오나르도의 명성에 비해 그의 제자는 너무나 평범하다는 것이다. 그리고 레오나르도는 제자를 선발하는 기준을 재능이나 능력이 아니라 젊음과 아름다움에 뒀다는 것이다. 그래서 그의 주변에는 항상 젊은 제자로 가득 차 있었지 능력 있는 제자는 없었다. 그리고 레오나르도는 일기장이나 메모장에 자신이 지출한 돈에 대해서 꼼꼼하게 남겨 두었다. 그중에는 제자를 위해 사용한 내역도 있는데 대부분 제자의 치장을 위한 옷값이나 화장품값으로 사용되었다. 이런 정황이나 생활상으로 봤을 때 레오나르도는 동성애자임이 틀림없다는 것이 프로이트의 생각이다.

다른 이유는 레오나르도의 출생이다. 피렌체의 가까운 도시 빈치에서 레오나르도는 사생아uneheliches Kind로 태어난다. 이후 아버지Ser

Piero da Vinci, 1427-1504는 다른 여자와 결혼하였고, 어머니Caterina, 1427년
경-1495년경도 다른 남자와 결혼하였다. 아버지가 결혼하였지만 자식을
낳지 못하자 어머니와 함께 살던 레오나르도는 5살쯤 아버지 집에 들
어가 살게 된다. 즉 레오나르도는 어머니와 유아기를 보낸다.

대부분의 아이는 모든 사람이 자신과 같은 성기를 갖고 있다고 믿
는다. 그리고 다른 성기를 보거나 인식하는 순간 뭔가 그 사람에게 잘
못된 일이 일어났다고 믿는다. 레오나르도가 어머니의 성기를 우연히
본 순간 어머니는 뭔가 잘못되어 남성의 성기가 없고 흉터만 남았다
고 생각했을 것이다. 여기서 레오나르도는 자신도 그렇게 될지 모른
다는 거세 콤플렉스를 느끼기 시작한다.

프로이트는 신화에서는 자웅동체의 전설적인 동물이 많이 등장한
다고 주장한다. 독수리도 그중 하나다. 신화에 등장하는 독수리는 모
두 암컷으로 하늘을 날다 바람이 자궁 속으로 들어가 잉태를 한다는
것이다. 유아기 시절에 어머니와 함께 살던 레오나르도는 이런 신화
학적인 사건과 혼자 사는 어머니의 임신을 환상 속에서 동일시하였을
것이고, 그래서 독수리라는 상징물을 만들어 내었을 것이라는 것이
프로이트의 생각이다. 어머니와 함께 살 때 거세 콤플렉스를 느낀 레
오나르도는 아버지와 함께 살면서 아버지의 성기를 통해 남자와의 삶
이야말로 거세 콤플렉스에서 벗어날 수 있다고 믿었을 것이다.

프로이트도 이 두 가지 근거로 레오나르도가 동성애자라고 말하지
만 스스로 의문을 지우지는 못한다. 하지만 프로이트는 자신의 정신
분석학을 절대적으로 신봉하는 심리학자이다. 그렇기 때문에 자신이

분석한 레오나르도는 동성애자가 분명하다고 『레오나르도 다 빈치의 어린 시절 기억』 3장에서 주장한다.

◯ 어머니의 사랑이 승화한
모나리자의 미소

프로이트는 레오나르도의 환상을 전제로 『레오나르도 다 빈치의 어린 시절 기억』 3장 마지막 문장에서 레오나르도는 어머니와 성적 관계를 통해 동성애자가 되었다라고 나름대로 결론지었다. 이 문장만 놓고 보면 프로이트는 레오나르도가 동성애자가 분명하다고 본 것이다. 그리고 같은 책 4장에서 다시 독수리환상Geierphantasie를 끌어들인다. 많은 어머니는 사랑스러운 아들에게 사랑의 표현으로 열정적인 입맞춤을 할 것이다. 그것도 한두 번이 아니라 시간 날 때마다. 레오나르도도 마찬가지로 젖을 빨면서 수 없이 많은 입맞춤을 어머니로부터 받았을 것이다. 바로 이것이 레오나르도에게는 독수리가 꼬리를 입에 넣는 독수리환상이 되어 입맞춤을 당한 기억으로 되살아난 것이다.

독수리 꼬리가 입으로 들어가는 독수리환상을 우리는 어머니와 아들 사이에서 또 확인할 수 있는데, 그것은 어머니의 젖을 빠는 행위다. 젖을 먹이는 어머니의 행위가 젖을 빠는 아이의 입장에서는 어머니의 젖이 강제로 입으로 들어오는 행위가 될 수 있고, 그것은 독수리 꼬리가 입으로 들어오는 행위와 일치한다. 중요한 것은 이 독수리환상이 동성애적 성향을 가질 수 있는 이유가 된다는 것이 프로이트의 생각이다.

프로이트는 여기서 아들과 입맞춤하는 어머니의 입술에 초점을 맞춘다. 프로이트가 주장하는 어머니와의 성적 관계란 바로 사랑스러운 아들에 대한 어머니의 입맞춤일 것이다. 레오나르도가 프로이트의 생각처럼 그 입맞춤 때문에 동성애자가 되었을지 모르지만, 아들과 입맞춤하는 어머니의 입을 한번 생각해 보라. 그것은 바로 인자하고도 사랑스러운 입술 그 자체일 것이다. 레오나르도는 바로 미소가 가득 찬 어머니의 이 입술을 잊지 못하였을 것이고, 성인이 되어 성적 욕구를 느낄 때마다 이 미소 가득 찬 입술을 기억하고 동성애자가 되었을 수도 있다.

프로이트는 이 가설을 확신한다. 그리고 그 이유와 증거를 레오나르도의 모든 그림 속에서 찾아낸다. 그것은 바로 여자의 미소다. 프로이트뿐 아니라 수많은 학자가 이 미소의 비밀을 풀려고 노력했다. 그러나 어느 누구도 명확한 답을 내놓지는 못했다. 특히 모나리자의 미소에 대해서는 더 많은 연구가 이루어졌지만 여전히 그 의미에 대해서는 오리무중이다. 프로이트는 레오나르도 비평가의 주장을 빌려 모나리자의 미소에는 수줍음과 동시에 요염함이 있고, 다정다감하면서도 격렬한 관능미가 무책임함으로 느껴진다고 하였다.

레오나르도가 정말 어머니의 미소를 모나리자뿐 아니라 다른 그림에도 담았는지 모르겠다. 만약 프로이트의 주장대로라면 레오나르도는 평생 어머니의 미소를 잊지 못하고 있었다는 것이다. 이것을 프로이트는 무의식으로 표현한다. 물론 이 무의식은 비슷한 상황에 직면

하면 의식화된다. 프로이트의 이론대로라면 레오나르도는 성적 쾌감을 어머니 입으로만 느꼈고, 다른 어떤 수단으로도 느끼지 못했다. 그것이 성인이 되어 성생활 중 무의식 속에 감춰져 있던 오랄 행위만으로 성적 쾌감을 느끼고 점점 동성애자가 되었을 수도 있다.

레오나르도는 모나리자를 4년에 걸쳐 그렸지만 미완성으로 남겼다. 이렇게 남겨진 모나리자의 비밀을 풀려고 500년 동안 많은 비평가들이 매달렸다. 그러나 여전히 답은 없다. 레오나르도가 동성애자였는가 하는 비밀만큼이나 모나리자의 미소도 베일에 싸여 있다. 프로이트는 모나리자의 미소를 레오나르도에게 입맞춤하는 어머니의 사랑스러운 미소로 설명한다. 이렇게 레오나르도의 독수리환상을 동성애자로 몰아간다. 물론 그 답은 아무도 모른다.

O 육체적 성욕에서 자유로웠던
레오나르도

프로이트의 사상 중에 오이디푸스 콤플렉스가 있다. 아버지로부터 어머니를 빼앗고 싶은 욕망이다. 심지어 사랑하는 아들에게 질투를 느끼는 아버지도 있다고 프로이트는 주장한다. 하지만 이런 오이디푸스 콤플렉스에 대한 욕망이 레오나르도에게는 결핍되어 있다. 아니 없다. 그 이유는 레오나르도가 유년기를 어머니와 보냈기 때문이다. 다행인지 불행인지 레오나르도는 어머니의 사랑을 놓고 아버지와 경쟁할 필요가 없었다. 이런 사실은 레오나르도가 성장한 다음에도 많은 영향을 준다.

레오나르도는 어머니가 둘이다. 생모가 있고 자신을 길러 준 계모가 있다. 정확하지는 않지만 5살쯤 레오나르도는 생모 곁을 떠나 아버지의 첫 번째 부인에게로 간다. 역시 다행인지 불행인지 아버지의 첫 번째 부인 도나 알비에라Donna Albiera는 아기를 낳지 못했다. 그렇기 때문에 레오나르도는 아버지 집에 간 이후에도 할머니, 아버지, 그리고 도나 알비에라로부터 사랑을 듬뿍 받고 자랐다. 아버지의 질투는 전혀 찾아볼 수 없다. 프로이트는 이런 아버지의 사랑이 레오나르도에게도 영향을 주었다고 주장한다.

누군가가 레오나르도에게 어떤 영향을 주었는지는 모르지만 분명한 것은 두 어머니로부터 받은 사랑의 미소가 리자 부인의 미소를 본 순간 되살아나 매혹되었다는 것이 프로이트의 주장이다. 모나리자의 미소를 통해 알 수 있는 것은 리자 부인의 미소에서 어머니의 미소를 기억해 내었다는 것과 그것을 통해 이상적인 어머니상을 그리려 했다는 것이다.

바로 이런 이상적인 어머니상을 통해 우리는 레오나르도의 사랑의 성향을 다시 한 번 확인할 수 있다. 친모인 카테리나는 레오나르도를 사랑해 줄 아버지가 없음을 위로하기 위해서 더 자주 안아 주었을 것이고, 입맞춰 주었을 것이다. 뿐만 아니라 아들로 남편을 대신하기도 했을 것이다. 이런 카테리나의 행동이 레오나르도로 하여금 성적인 성숙함을 키웠다. 프로이트는 유아기에 어머니가 주는 사랑이 성장했을 때 주는 사랑보다 더 큰 영향을 준다고『레오나르도 다 빈치의 어린 시절 기억』4장에서 주장하고 있다. 이런 애정표현은 육체적 욕구

뿐 아니라 심지어 정신적인 욕구까지도 만족시켜 준다. 이런 욕구의 만족은 성장 이후 성적인 욕구의 행복감으로 이어진다.

특히 유년기 아들은 아버지와 경쟁해야 하기 때문에 모든 것을 아버지로부터 이기기를 바라고, 인생의 목표도 승리와 성취감에 두기 때문에 늘 경쟁심에 시달리는 경우가 많다. 그러나 레오나르도는 이런 면에서는 자유로웠기 때문에 자신만의 사고 속에서 남과 경쟁하지 않고 독창적이고 대범하게 작품 활동을 하거나 과학적인 탐구를 할 수 있었다. 이런 레오나르도의 성격이 부정적인 면도 없지 않다. 이런 이유가 레오나르도로 하여금 그림을 천천히 그리게 하는 이유가 되기도 했다. 그리고 이런 성향이 평생 어린아이처럼 행동하는 계기가 되기도 했다.

이런 장단점에도 불구하고 두 어머니로부터 사랑을 독차지하고 아버지와 경쟁하지 않았던 것이 레오나르도의 성적 취향에 영향을 준 것은 분명하다. 유아기의 어머니로부터 받은 성적 행복이 평생 그의 성적 취향이 되고 말았다. 레오나르도는 유년기에 아버지의 영향이나 경쟁을 전혀 겪지 않았고 아들에게만 모든 것을 걸고 믿고 의지하는 어머니의 부드럽고도 사랑스러운 유혹에 완전히 노출되어 있었다. 어머니의 입맞춤으로 레오나르도는 성적으로 누구보다 조숙하였고, 무의식 속에는 어머니의 사랑스러운 입맞춤과 미소는 매우 강렬한 성적 행위로 기억되고 있을 뿐이다.

사람에게는 많은 성감대가 있다. 그중 하나가 입술이다. 어머니의 입맞춤은 레오나르도의 성감대를 자극했다. 그리고 이 입술 성감대는 레오나르도의 성적 기질을 평생 동안 간직하게 했다. 이렇게 지나치게 잦은 어머니의 입맞춤을 프로이트는『레오나르도 다 빈치의 어린 시절 기억』6장에서 과잉Übermaß이라 표현하고 있다. 레오나르도에게도 어머니의 지나친 과잉 애정행각이 일생의 성적 기질을 결정한 것이다.

많은 성장기의 어린이는 높은 곳에서 떨어지는 꿈을 꾼다. 그리고 많은 사람이 하늘을 나는 꿈을 꾼다. 프로이트는 이런 것도 성교와 관계가 있다고 주장한다. 독일어의 '성교하다'는 단어 '푀겔른vögeln'은 '새'라는 단어 '포겔Vogel'에서 나왔다. 이런 관점에서 프로이트는『레오나르도 다 빈치의 어린 시절 기억』5장에 꿈에서 날아다니는 것이나 날고 싶은 충동은 성적 충동과 동일하다고 주장한다. 아이보다 어른이 성에 대해서 더 많이 알고 있다. 그러면서 어른은 아이가 성에 대한 질문을 던지면 비밀이라며 가르쳐 주지 않는다. 프로이트는 이런 성에 대한 비밀을 알고 싶은 강한 충동이 꿈에서 떨어지거나 날아다니는 것으로 나타난다고 주장한다. 즉 성적 탐구의 뿌리는 결국 유아기에 있다는 것이다.

레오나르도는 이런 성적 기질을 예술로 승화시킨 대표적인 사람이다. 관능미를 표현해야 하는 당시의 예술에도 불구하고 금욕적인 생활을 통해 완벽한 작품을 만들었다. 이런 그의 행동은 주변사람에게는 여자나 성에는 전혀 관심 없는 사람으로 보이게 했다. 이렇게 성적 욕구는 예술이나 지식에 대한 갈망으로 승화되며 스스로 성적 억압이 가능하다고 프로이트는 보고 있다. 그렇다고 모든 성적 욕망이 다 억압된 것은 아니다. 정말 아주 작은 부분이 남아 있었는데, 그것은 여자의 미소, 그중에서도 모나리자의 미소와 동성애다. 어떤 예술가보다 레오나르도는 과학적으로 앞서 있었다. 특히 그는 비행기에 대한 생각도 갖고 있었다. 이 모든 것이 유년기에 얻어진 것이라면 누가 믿겠는가! 프로이트의 정신분석학적 사고에 놀랄 뿐이다.

칸트의 사랑

가난 때문에 포기한 연애와 결혼

○ 자유로운 교제

유명한 사람일수록 전기가 많지만 다 옳은 것은 아니다. 칸트Immanuel Kant, 1724-1804는 유명한 철학자이기에 전기도 많다. 그러나 칸트의 삶에는 참 많은 부분이 불분명하게 남아 있다. 칸트의 전기 작가 중에서 가장 유명한 사람은 카를 포르랜더 Karl Vorländer, 1860-1928다. 포르랜더는 칸트의 생애에 대해서 가장 많은 연구를 하였고, 가장 많은 양의 내용을 남겼기 때문에 오늘날 칸트의 생애에 대해서 얘기할 때 빠지지 않고 등장한다.

포르랜더가 이 정도로 칸트를 연구하였기 때문에 칸트의 생애, 그 중에서도 사랑에 대해서 얘기해도 크게 무리가 아닐 것 같다. 포르랜더가 그의 저서『칸트의 생애Kants Leben』를 통해 주장하는 칸트의 여자에 대해서 살펴보자. 결론적으로 말하면 칸트는 많은 여자와 교제를

임마누엘 칸트

하였다. 칸트는 가난했기 때문에 대학교를 졸업하고 교수가 되기 전까지 가정교사 일을 많이 하였다. 이때 칸트는 많은 사람을 사귄다. 그리고 그 교제 속에는 여자도 많았다.

다른 철학자도 가정교사 일을 하였는데 유독 칸트가 많은 사람을 사귄 이유가 무엇일까? 우리는 당시 칸트가 살던 곳과 시기를 주목해야 한다. 칸트의 고향 쾨니히스베르크Königsberg는 프로이센의 초대 왕이었던 프리드리히Friedrich, 1657-1713 1세가 태어난 곳이다. 그리고 칸트가 살던 시기는 프로이센 왕국이 독일을 쥐락펴락하던 때다. 칸트는 바로 이런 분위기 속에서 대학교를 다녔고, 가정교사 일을 했으며, 교수였다. 그렇기 때문에 칸트가 태어나 자라고 죽은 도시 쾨니히스베르크는 도시 규모에 비해 참 많은 정치적인 교류가 이루어졌던 곳이다. 바로 이런 이유로 칸트도 많은 유명인과 교류를 하게 되고, 그들의 자녀를 가르치고, 그런 집안의 여자와 교제를 하였다. 칸트가 교제를 나눈 많은 여자 중에서 포르랜더가 『칸트의 생애』에서 꽤 많은 지면을 활용한 여자는 샬로테와 샬로타, 이렇게 두 명의 여성이다.

칸트는 대학교를 졸업하고 가정교사 일을 할 때 23살의 샬로테 Scharlotte von Knobloch를 만나 교제를 한 것으로 보인다. 15세기부터 쾨니히스베르크에 자리한 크노블로흐 가문은 프로이센 왕국 시절 많은 장군을 배출한 명문 귀족가문이다. 샬로테는 아마도 이 집안의 딸 중 한 사람으로 보인다. 칸트는 샬로테와 만나 교제를 나눈 뒤 9년이 지나 그때를 회상하며 감사의 편지를 샬로테에게 보낸다. 샬로테는 이때 이미 많은 장군을 배출한 쾨니히스베르크의 귀족가문 클링스포른von Klingporn 집안에 시집을 가 4명의 자녀를 둔 유부녀였다.

포르랜더가 전하는 편지 내용에 따르면 칸트는 존경과 기쁨을 갖고 샬로테와 교제했다. 특히 아름다운 여인의 방에 들어가게 해 주고 구경시켜 준 샬로테에게 무한한 감사를 드린다고 적고 있다. 이 내용으로 보아 그때까지 칸트는 다른 여자의 방에 들어가 본 적이 없는 것 같다. 남자와 여자가 존경과 기쁨으로 교제하고 생전 처음 여자의 방에 들어간 것에 감탄한다는 것은 사랑과 거리가 멀다. 이런 몇몇 문장으로 보아 칸트는 처음부터 샬로테를 결혼이나 남녀 간의 사랑을 전제로 만난 것이 아닌 것 같다.

다음은 쾨니히스베르크의 은행가이며 거상인 야코비Johann Conrad Jacobi, 1717-1774의 부인 샬로타Maria Charlotta Schwinck와의 교제다. 샬로타는 쾨니히스베르크에서 가장 아름다운 부인으로 '야코비 공주Prinzessin

Jacobi'라는 별칭을 갖고 있던 여성이다. 야코비 부인은 1762년 '든든한 보호막 친구에게Wehrter Freünd'로 시작하는 한 통의 편지를 칸트에게 보낸다. 야코비 부인은 칸트에게 줄 선물로 칼집에 매달 매듭을 만들고 있다며 사랑의 키스를 보낸다고 적고 있다.

이 편지를 단어만 골라 읽어도 야코비 부인의 애틋한 사랑의 감정이 느껴진다. 하지만 이 사실을 다른 여인에게도 알린다는 내용이나 칸트의 철학을 듣는 것이 기대된다는 등의 내용을 첨가시키면 달라진다. 사실 이 두 사람의 교제는 이미 쾨니히스베르크 사람이면 다 아는 사실이며 너무나 유명한 관계로 번졌다. 이런 상황 속에서 사랑은 불가능할 것이다. 아마 그래서 이 두 사람의 관계도 사랑보다 교제로 보는 것이 더 옳을 것이다.

칸트와 샬로테나 샬로타와의 교제를 보면 자유로움 그 자체다. 이런 자유로운 교제를 할 수 있었던 원천이 무엇인지는 모르지만, 포르랜더에 따르면 칸트는 너무나 많은 여성과 자유로운 교제를 하였다.

○ 세 번의 결혼 기회

사실 철학자가 다양한 계층의 사람들과 교류를 한다는 것은 결코 쉬운 일이 아니다. 그것도 18세기에 말이다. 고대 그리스나 중세 시대만 하여도 철학자는 학문적인 지위 때문에 왕의 가정교사나 후견인이 되었지만 칸트가 살던 시절은 달랐다. 학문은 예전보다 세분화되어 각 영역의 전문가나 사상가마다 정치적 영향력을 행사하였고 서로 대립하기도 했다. 그러나 쾨니히스베르크에서 칸트의 영향력은 독보적이었고 많은 정치적 교류의 중심에는 항상 칸트가 있었다.

아마도 그 이유를 우리는 프리드리히 1세와 그의 아들 프리드리히 빌헬름 1세의 정책에서 찾아야 할 것이다. 당시 프로이센의 영역은 굉장히 넓었기 때문에 지역마다 서로 다른 법과 신분제도를 갖고 있었다. 이 점을 잘 알고 있었던 프리드리히 1세는 이를 해결하기 위해서 전쟁보다 학문을 장려하면서 중앙집권제를 실시하여 절대왕권체제를 확립하였다. 그 결과 수많은 학자, 귀족, 장군, 정치가, 사업가, 은행가 등이 수도인 쾨니히스베르크에 모여 교류를 하였다. 그 중심에 칸트가 있었던 것이다.

물론 칸트가 처음부터 그들과 교류한 것은 아니다. 처음에는 가정교사로 그들과 친분을 쌓았고, 나중에는 유명한 교수로 그리고 쾨니히스베르크 대학총장으로 그들과 교제하였다. 포르랜드는『칸트의 생애』에서 칸트가 당시 이름난 여성과 교제한 것 외에도 결혼에 관한 이야기도 남겼다. 사실 철학사를 보면 많은 철학자가 결혼은 하지 않았지만 잠시 동거를 하거나 자식을 둔 적이 있다. 가장 대표적인 철학자는 데카르트, 홉스, 라이프니츠, 로크, 흄 등이 있다. 하지만 칸트는 여자와 동거를 한다거나 자식을 둔 적이 없다. 그러나 칸트는 최소한 세 번 정도 결혼을 생각하거나 시도한 적은 있다.

포르랜더는 몇몇 전기 작가를 인용하여 칸트가 중년mittere Jahre에 최대한 3번 정도 결혼을 시도하였다고 적고 있다. 물론 포르랜더는 개인적인 문제이기 때문에 이름을 밝히지 않았을 수도 있지만 다른 사람의 얘기를 옮기는 입장이라 여성의 이름은 밝히지 않았다. 그 첫 번째 여성은 '젊고, 아름다우며, 부드러운 미망인junge, schöne und sanfte Witwe' 이다. 이 여성은 당시 쾨니히스베르크에 있는 친척집에 잠시 방문한 것으로 알려져 있다. 두 번째 여성은 베스트팔렌Westfalen에서 온 소녀 Mädchen였다. 이 소녀는 동프로이센의 유명한 귀부인을 모시고 있던 분으로 쾨니히스베르크를 함께 여행하는 중이었다.

두 여성은 비슷한 시기에 쾨니히스베르크에 나타났고, 칸트의 가슴을 뛰게 했던 것 같다. 두 여성을 본 순간 칸트는 결혼에 대한 생각을 하였다고 포르랜더는 전하고 있다. 하지만 칸트는 결정을 하지 못하고 우물쭈물하면서 고민하였다. 칸트의 고민은 다른 곳에 있었다. 즉 어떤 여성과 결혼할까를 결정하지 못한 것이 아니라 결혼을 할까 말까를 놓고 고민을 하고 망설이고 있었다. 그 이유는 칸트가 너무 가난했기 때문이다. 당시 그는 적은 수입으로 힘들게 삶을 이어 가고 있었다. 그래서 칸트는 결혼을 한 다음 생길 수 있는 문제를 먼저 생각하고 수입과 지출을 정확하게 계산했다. 이렇게 칸트가 결혼을 할 것인가 말 것인가를 결정하지 못하고 우물쭈물대면서 시간을 끄는 동안 첫 번째 미망인은 프로이센의 오버란데Oberlande에서 온 남자와 결혼하였고, 두 번째 소녀는 여행일정에 따라 귀부인을 모시고 다른 곳으로 가 버렸다.

칸트가 결혼을 생각했던 세 번째 여성은 쾨니히스베르크에서 태어난 동향인이다. 포르랜더는 이 여성의 이름은 밝히고 있다. 이 여성은 루이제Luise Rebekka Fritz, 1746-1826로 칸트보다 23세 정도 어린 여성이다.

루이제의 나이를 미루어 보아 칸트가 중년에 결혼을 생각했다는 것이 충분히 이해가 된다. 그러나 루이제도 고등세무관Obereinnehmer 발라트Ballath와 결혼하였다. 루이제는 결혼 후에도 여러 차례 다른 사람에게 칸트가 자신을 사랑했다고 자랑스럽게 얘기했다.

하지만 칸트는 광채란 보다 가까운 곳에서 보면 금방 사라진다는 표현을 함으로써, 루이제와는 정신적으로 교류가 잘 되지 않았음을 주장한다. 이런 측면에서 볼 때 칸트는 무엇보다 정신적인 교류의 중요성을 결혼의 조건 내지 사랑의 조건으로 둔 것 같다. 첫 번째와 두 번째 여성과의 결혼에서는 가난이나 경제적인 조건을 생각하였지만 세 번째 여성과의 결혼에서는 사랑의 조건을 생각한 것이 차이라면 차이일 수 있다.

O 남성의 숭고함과
   여성의 아름다움

결혼과 사랑. 둘 사이의 관계가 애매하긴 하지만, 사랑 없이도 결혼할 수는 있다. 하지만 칸트는 결혼의 조건을 정신적 교류라고 하였다. 여기서 우리는 칸트의 결혼조건을 사랑의 조건으로 바꾸어도 무관할 것이다. 그렇다면 칸트가 원하는 사랑의 조건은 바로 정신적 교류다. 여자와 정신적 교류를 원했던 칸트는 여자에게 무엇을 원했을까? 최소한 여자가 갖추어야 할 무엇이 있다는 것이 칸트의 생각인 것 같다. 그것을 우리는 칸트가 1764년에 발표한 저서『아름다움과 숭고함의 감정에 대한 고찰*Beobachtungen über das*

풍경 속의 연인
칸트는 숭고함은 남자의 것이고, 아름다움은 여자의 것이라고 강조한다. 피터르 얀 반 레위스호트
作, 'Lovers in a landscape', 1740.

Gefühl des Schönen und Erhabenen』에서 찾아볼 수 있다.

칸트는 『아름다움과 숭고함의 감정에 대한 고찰』 3장에서 남성에게
는 숭고함이, 여성에게는 아름다움의 특성이 있다고 한다. 그리고 1장
에서는 아름다움과 숭고함에 대한 예를 들면서 자연이 주는 사람의 감
정을 예로 아름다움과 숭고함의 감정을 구별한다. 예를 들어서 고요
한 숲속에서 자라는 커다란 너도밤나무의 쓸쓸한 그림자는 숭고하지

만, 낮은 울타리를 가진 화단의 꽃은 아름답다. 이렇게 숭고함은 사람의 마음을 휘저어rühren 감동시키고, 아름다움은 사람의 마음을 자극하여reizen 황홀하게 한다. 이런 관점에서 볼 때 남자는 숭고함으로 사람을 감동시키고, 여자는 아름다움으로 사람을 황홀하게 만든다.

칸트는 이렇게 숭고함은 남자의 것이고, 아름다움은 여자의 것이라고 강조한다. 그래서 숭고한 남자 얼굴에서 우리는 진지함과 경직됨 혹은 놀란 표정을 발견할 수 있고, 아름다운 여자 얼굴에서는 투명하면서도 찬란하게 빛나는 두 눈과 함께 환한 미소를 볼 수 있다. 뿐만 아니라 칸트는 숭고한 것과 아름다운 것을 건축물에서도 찾는데, 크고 단순한 것은 숭고하며, 작고 치장과 장식이 많은 것은 아름답다고 한다. 예를 들어서 피라미드나 성 베드로 성당은 숭고하지만, 귀족이 거주하는 집이나 쾌락을 목적으로 건설한 궁전은 치장과 장식을 많이 했기 때문에 아름답다. 그래서 숭고한 것은 오랜 시간동안 이어져 가며, 아름다운 것은 짧은 시간동안 누군가로부터 사랑받는다.

칸트의 이런 주장에 대해서 우리는 칸트가 남성중심 사상 내지 남성중심 편견을 가진 것이 아닌가 하고 의문을 제기하기도 한다. 하지만『아름다움과 숭고함의 감정에 대한 고찰』3장을 잘 살펴보면 다른 관점이 보인다. 여기서 칸트는 누군가가 여성을 아름다운 성性, das schöne Geschlecht이라고 정의한 것에 동의한다. 그 이유에 대해서는 여자가 남자보다 외적으로 세련되고, 성질은 부드럽고 온화하며, 다정하고 상냥하며 익살스럽기 때문이라고 한다. 뿐만 아니라 매력적인 자태나 기질 면에서 여성은 남성과 다르다.

여자는 남자보다 속성상 장식이나 치장을 좋아한다. 여자는 어릴 때부터 누가 가르치지 않아도 예쁘게 꾸미거나 차려입는 것을 좋아하고 그렇게 하는 것을 즐거워한다. 여자의 치장이나 장식이 남자에게는 혐오감을 주거나 거슬리는 것이 있을 수도 있지만, 여자는 전혀 그런 것을 개의치 않고 오히려 순수하게 받아들이거나 나름대로 바꾸어 더 아름다운 것으로 승화시킨다. 뿐만 아니라 다른 사람과 얘기 나누는 것을 좋아하고 쾌활하고 밝게 웃으며 아주 작은 일이나 행복에도 지나칠 정도로 좋아한다.

여자에 대한 칸트의 생각, 아니 배려가 이 정도다. 그러나 다른 측면에서 보고 여기에 포르랜더의 생각을 더하면 칸트는 영락없는 남성중심 편견을 가진 것 같다. 포르랜더는 칸트가 원하는 부인상은 살림 잘하고 남편 잘 돌보며 아이를 잘 키우는 현모양처라고 『칸트의 생애』에서 서술하고 있다. 이런 포르랜더의 주장이 칸트를 더 남성중심 편견자로 몰아갈 수도 있다.

여기서 우리는 칸트가 '야코비 부인'과 깊은 우정을 남긴 것을 간과해서는 안 된다. 그리고 가난 때문에 지출과 수입을 고민하다 결혼을 놓친 것도 함께 생각해 보자. 결국 칸트가 원했던 애인이나 부인은 그런 사람이었다. 시쳇말로 손에 물 한 방울 묻히지 않고 집에 가만히 모셔 놓고 공주나 왕비처럼 대접하고 싶었던 것이 칸트의 생각이 아닐까? 여기서 우리는 여성을 아름다움이라 표현한 칸트의 배려를 엿볼 수 있지 않을까?

○ 사랑의 대립 짝

칸트는 『아름다움과 숭고함의 감정에 대한 고찰』 3장에서 여성을 아예 '아름다운 성'이라 부른다. 그리고 이 아름다운 성도 남성만큼 지성을 지니고 있다고 주장한다. 여성도 지적이라는 말, 그것도 남성만큼 지적이란 말에 우리는 다시 한 번 칸트의 남성우월주의를 생각하게 한다. 하지만 칸트는 남성은 '심오한 지성tiefer Verstand'이라 하고, 여성은 '아름다운 지성schöner Verstand'이라고 표현한다.

차이가 무엇일까? 그리고 왜 칸트는 남성만큼 여성도 지적이라고 했을까? 차이는 간단하다. 칸트는 남성이 숭고하다고 했다. 그리고 이 숭고함은 단순하며 담백하고 오래가며 감동을 준다고 했다. 이런 관점에서 볼 때 어려운 일이나 심오한 생각이나 성찰은 남자의 몫이지 여자의 것이 아니다. 아니 이런 것은 여성에게 어울리지 않는다. 그래서 그런 작업을 한 여성이나 숭고함을 위해 논쟁을 버린 여성은 남성과 같은 기질의 소유자일 것이라는 것이 칸트의 생각이다. 그렇기 때문에 아름다운 지성은 전쟁이나 전술로 머리를 채우지 않고, 화약 냄새를 쫓아다닐 필요도 없다. 그냥 어릴 때처럼 예쁘게 꾸미고 아름답게 차려입고 사소한 일에도 즐거워하면서 지내면 된다.

하지만 심오한 지성을 가진 남성은 다르다. 여자가 화약 냄새를 쫓으면 안 되듯이 남자는 여자의 향기를 쫓으면 안 된다. 남성은 여성의 자연스러운 매력에 약하다는 것을 알아야 한다. 남성에게 여성은 남성이 풀어야 할 기하학이나 가장 어려운 문제보다 더 풀기 난해한 문제라는 것을 알아야 한다. 하지만 여성의 허영심이나 나약함을 관용으로 대했을 때 얻게 될 기쁨도 남성은 알고 있어야 한다. 이렇게 칸트는 여성에게는 학문은 어울리지 않는 것이라며, 여성이 할 수 있는 학문이란 인간 중에서도 남성에 관한 것이라고 주장한다. 그렇기 때문에 남성의 심오한 지성은 이성적인 것이며, 여성의 아름다운 지성은 감각적인 것이다.

덕에 대한 칸트의 생각도 마찬가지다. 여성은 '아름다운 덕schöne Tugend'인 반면 남성은 '고상한 덕edele Tugend'이다. 잘 알려져 있는 것처럼 칸트에게 도덕과 윤리는 강제성이 있다. 명령, 즉 정언 명법kategorischer Impertiv 이란 개념으로 우리에게 잘 알려져 있다. 칸트는 이 정언 명법도 남성의 것이기에 고상한 덕이라고 하였다. 여성은 강제나 억지로 해야 하는 것에 대해서 싫어하고 심지어 분노까지 느낀다. 여성은 마음에 든다는 이유 하나만으로 행동하며, 좋아하기 때문에 이루려 한다. 바로 이것이 여성의 덕인 아름다운 덕이다.

숭고함은 단순하고 무거우며 금욕적이고도 난해한 학문을 풀어야 할 이성적인 것이기에 고상한 덕으로 남성적이다. 그리고 아름다움은 복잡하고 가벼우며 쾌락적이고도 단순한 문제를 해결한 감각적인 것이기에 아름다운 덕으로 여성적이다. 이런 칸트의 『아름다움과 숭고함의 감정에 대한 고찰』에서 주장하는 아름다움으로서의 여성관을 보면 남성우월사상뿐 아니라 인형이란 단어가 생각난다.

칸트의 사상을 비판서를 중심으로 전과 후로 나눈다. 칸트를 위대한 칸트로 만든 것은 다름 아닌 『순수이성비판』이다. 우리가 『순수이

성비판』에서 몇 가지 중요 단어를 찾아낸다면 그중 하나는 대립 짝으로 구성된 개념이다. 칸트를 상징하는 단어가 참 많다. 그중에서도 두 가지만 꼽으라면 총각과 규칙적인 생활이다. 총각이었던 이유는 가난이며, 규칙적인 생활을 한 이유는 선천적으로 타고난 허약함이었다. 칸트는 가난했기에 장가를 가지 못했고, 허약했기 때문에 규칙적인 삶을 살 수밖에 없었다. 여기서 우리는 또 다른 칸트의 대립 짝 개념을 찾아볼 수 있다. 즉 총각과 가난, 그리고 규칙적인 삶과 허약함이다. 이런 관점에서 본다면 칸트의 대립 짝은 상호 보충작용이다.

이 대립 짝의 개념을 최소한 칸트의 삶에서는 책임감이나 희생이란 단어로 표현할 수 있다. 가난을 이기기 위해서 결혼을 희생했고, 건강하기 위해서 평생 규칙적인 삶을 희생했다. 이것을 우리는 칸트가 주장하는 정신적 교류라고 할 수 있다. 칸트에게는 사랑도 마찬가지다. 여성은 아름다움으로, 남성은 숭고함으로 본 칸트는 여성의 아름다움을 통해 자신의 이성적인 작업에 위안을 얻었다. 포르랜더에 따르면 칸트는 여성과 얘기 나누는 것을 참 좋아했으며, 다정하게 편지를 주고받는 것을 좋아한다고 했다. 그럼에도 불구하고 칸트에게는 다른 철학자처럼 요란하거나 뻑적지근한 연애사건 한 번 없었고 동거도 없었으며, 사생아도 없다. 왜 그랬을까?

그 답을 우리는 대립 짝으로서 책임감과 희생에서 찾을 수 있다. 칸트는 이미 결혼이든 연애든 책임감과 희생이 필요하다는 것을 알았다. 하나를 얻으려면 다른 것이 희생되어야 한다. 연애든 동거든 자식을 두기 위해서는 나름대로 책임감이 있어야 한다. 자식을 키운다는 것은 인고의 삶이다. 자식을 먹여 살릴 수 없고, 부인을 편안하게 할 자신이 없었던 칸트는 결혼을 포기한 것 같다. 요즘 무분별한 동거나 자식 학대를 보면 칸트가 생각난다. 말 못하는 동물과 대화를 나눈다는 것은 쉬운 일이 아닌데 어린아이는 말 못하는 동물과 같다. 그들과 대화하기 위해서는 부모의 무한한 인내와 희생 그리고 책임감과 노력 없이는 불가능하다는 것을 칸트는 일찍 안 것 같다.

스탕달의 사랑
『연애론』으로 본 사랑의 종류와 결정 작용

○ 네 가지 종류의 사랑

우리에게 『적과 흑Le Rouge et le Noir』의 저자로 잘 알려진 프랑스의 외교관이며 작가였던 스탕달Stendhal의 본명은 마리 앙리 베일Marie Henri Beyle, 1783-1842로 베일리즘Beylisme이란 개념을 만들었다. 오늘날 우리는 베일리즘을 '행복 추구, 정력, 자아의식으로 특징지어지는, 스탕달 주인공의 인생관'으로 표현한다. 바로 이 스탕달이 1822년 『연애론De l'amour』을 출간한다.

스탕달은 『연애론』에서 네 종류의 사랑이 있다고 주장한다. 그 첫 번째는 '정열적 사랑'이다. 사랑 때문에 여러 가지 방법으로 자살을 하는 경우가 종종 있다. 목숨을 버릴 만큼 간절하고 격정적인 사랑을 스탕달은 정열적 사랑이라고 말하지만, 우리는 일반적으로 이런 사랑을 진정한 사랑이라고 말한다.

스탕달

'콩깍지가 씌었다'는 우리 말이 있다. '제 눈에 안경이다'는 말도 있다. 스탕달에 따르면 열정적 사랑에 빠지면 모든 감각 작용은 정지한단다. 세상 모든 것이 보이지 않고 들리지 않으며 느껴지지 않지만, 사랑의 불길만은 정신없이, 그야말로 미친 듯이 타오른단다. 여기에는 사랑의 국경도 없고 사람 사이의 계급도 없으며 다른 사람이 어떻게 보고 생각하든 아무 상관없다. 오죽하면 목숨까지 버리겠는가. 이런 것이 바로 '정열적 사랑'이다.

두 번째 사랑은 '취미적 사랑'이다. 이런 사랑은 잘 짜인 드라마나 연극과 같은 사랑이다. 스탕달에 따르면 1760년대 프랑스 파리의 지식인은 모두 이 '취미적 사랑'에 빠져 있었다. 그 당시 대부분의 소설이나 문학은 바로 이 취미적 사랑을 주제로 다루었다. 이 취미적 사랑은 우리말로 '장밋빛 사랑'이다. 이런 사랑에 빠진 사람은 예의나 품위 유지는 중요하게 생각하지 않지만 불쾌한 감정만은 절대로 원하지 않는다.

더 중요한 것은 취미적 사랑을 주도하는 사람은 남자다. 남자는 자신이 어떤 행동을 하면 여자는 어떻게 따를 것이라는 것을 너무나 잘 알고 있다. 그리고 이런 예측은 절대로 틀리지 않는다. 그래서 마치 드라마나 연극의 각본처럼 취미적 사랑은 정해져 있다. 따라서 목숨까지 버리는 열정적 사랑과 달리 취미적 사랑은 모든 것이 계획대로 움직이기 때문에 사랑을 받는 여자는 아주 섬세하고 세련된 느낌으로 황홀감에 빠진다.

계획되고 각본대로 움직이는 사랑이기 때문에 취미적 사랑은 항상 서로를 배려하고 즐거움을 우선으로 생각한다. 하지만 배려하고 다른 사람을 먼저 생각하고 즐겁게 해 줄 때는 그만한 이유가 있다. 즉 욕심이다. 정열적 사랑에 아무런 욕심이 없는 반면 취미적 사랑에는 욕망과 욕심으로 가득 차 있다. 그래서 취미적 사랑은 허영으로 가득 찬 사랑으로 속이 빈 강정, 빈껍데기뿐인 사랑이라고 스탕달은 주장한다.

세 번째 사랑은 '육체적 사랑'이다. 아무 생각 없이 어떤 남자가 혼자 조용한 곳을 찾아 여행을 하다 경치 좋고 분위기 좋은 곳에 들렀다고 하자. 그리고 그곳에서 역시 혼자 온 아름답고 발랄한 또래 여자를 만났다고 가정해 보자. 혹 여행 도중 이 여자의 머리카락이 흐트러져 있고 이마에는 땀방울이 맺혀 있다고 생각해 보자. 뿐만 아니라 뺨은 자연의 차가운 공기 때문에 발그레해져 있을 것이다.

이제 시선을 얼굴에서 가슴 쪽으로 내려 보자. 무엇이 보일까? 그렇게 눈에 띄는 옷이 아닐지라도 봉긋하게 솟아 오른 가슴은 무엇에 놀랐는지 모르지만 오르내린다. 거친 숨소리는 아니지만 들숨과 날숨에 따라 규칙적으로 움직이는 가슴을 보고 있노라면 건강미와 활기를 느낄 수 있다. 이런 모습에 대부분의 남자는 거부할 수 없는 쾌락을 느낄 것이다. 아무리 정서가 마르고 우울한 사람이라도 가슴 속 깊은 곳에서 이런 쾌락적 사랑이 샘솟는 것은 당연한 것이다.

마지막으로 '과시적 사랑'이다. 스탕달이 살던 당시 프랑스 남자는 사치품을 몸에 지니고 다녔다. 이런 사치품 중에 인기 있는 여자는 필수였다고 한다. 요즘 말로 '트로피 와이프'라고 할까? 물론 이런 경우 육체적 사랑이 함께할 수도 있지만 중요하지 않다. 육체적 사랑이 생기면 과시적 사랑이 더 발전하고 이렇게 추억이 쌓이면 진정한 사랑으로 발전할 수 있기 때문이다. 물론 반대로 추억이 쌓이지 않고 중간에 버림받을 수도 있다. 이런 경우 대부분 사람은 스스로를 비련의 주인공이라 생각하고 낭만적인 아픔을 깊이 간직한다.

이렇게 과시적 사랑의 대부분은 허영에서 시작된다. 그리고 이렇게 허영에 빠진 사람은 그것 자체로 격렬하고도 정열적인 사랑이라 믿고 싶어 한다. 과시적 사랑일지라도 사랑을 잃어버리는 순간 지난 것에 대한 추억과 아쉬움은 여전히 남기 때문이다.

이상 네 가지가 스탕달이 『연애론』에서 주장한 사랑의 종류다. 스탕달은 이어서 이러한 사랑이 어떻게 일어나는지 그 과정을 설명하고 있다. 그것을 결정작용結晶作用, cristallisation이라 한다.

○ 두 가지 결정작용

누가 뭐래도 겨울 산의 백미는 눈꽃이다. 어떤 사람은 환상적이라고 하고 또 어떤 사람은 몽환적이라고도 한다. 나뭇가지 자체로도 충분히 아름답지만 물방울이 얼어 결정체가 되고 그것이 꽃처럼 변하면 표현하기 힘든 상태가 된다. 나뭇가지 하나를 소금가마니에 넣어 두었다가 몇 달 후에 꺼내 보면 어떻게 변했을까? 스탕달에 따르면 이 나뭇가지는 소금의 결정으로 뒤덮여 너무나 아름답게 빛난다는 것이다. 물방울과 소금의 결정체가 너무나 평범하고 보잘것없는 나뭇가지를 마치 다이아몬드 가지처럼 만든다. 사랑도 이와 마찬가지라는 것이 스탕달의 생각이다.

사랑은 조용히 아무런 경고나 예고도 없이 찾아온다. 그리고 마음 속으로 속삭인다. 저 사람하고 키스하고 싶다거나 저 사람이 갑자기 내게 키스를 해 온다면 등등으로 말이다. 이 순간 상대는 누가 뭐래도 완벽하고 멋진 사람이다. 그리고 남녀구별 없이 모든 윤리적이고 도덕적인 것을 버리고 육체적 쾌락을 느끼기 위해 몸을 던진다. 이렇게 사랑은 생겨난다. 스탕달에 따르면 누구를 사랑한다는 것은 최대한 가까이에서 모든 감각을 통해 느끼고 보고 만지고 함께 호흡하면서 기쁨을 느끼는 것이라고 한다.

그리고 바로 여기서 첫 번째 결정작용이 나타난다. 사랑하는 사람은 사랑하는 사람에 의해서 치장되고 꾸며진다. 그것도 완벽하게 말이다. 그렇게 꾸며진 사람을 놓고 스스로 만족하고 행복을 느낀다. 심할 경우 이런 행복감을 늦게 알려 준 하늘을 원망하기도 한다. 결정작용이란 바로 이렇게 상대가 무엇이든 상관없이 스스로 아름답고 행복하게 꾸미고 미화시키는 정신적 작용을 가리킨다고 스탕달은 말한다.

인간의 뇌는 참 바보스러워서 그렇게 생각하면 그렇게 믿는다고 한다. 사랑하는 사람이 완벽하다고 생각하면 우리 뇌는 그렇게 믿는다.

15_ 스탕달의 사랑

뇌가 그렇게 믿으면 당연히 우리는 그렇게 행동한다. 즉 사랑하는 사람의 완벽함과 아름다움을 발견하려는 인간의 본성이나 소유의식이 바로 이 결정작용을 일으킨다. 사냥을 갔다가 실수로 팔이 부러졌다고 가정해 보자. 이런 경우에도 사랑하는 사람의 얼굴로 가득 찰 것이다. 아니 사랑하는 사람이 자신 곁에서 바라보기만 한다면 팔이 부러지는 고통은 아무것도 아닐 것이며, 심지어 팔뿐 아니라 어떤 것이 부러져도 상관없다고 생각할 것이다.

이렇게 정열적 사랑에 빠지는 순간 사랑의 대상은 더 이상 완벽할 수가 없다. 그런데 문제는 시간이다. 인간은 생각보다 단순한 동물로 무엇이든 오랫동안 집중하지 못한다. 사랑도 예외는 아니다. 아무리 완벽한 아름다움이나 행복이라고 할지라도 익숙한 것에 싫증을 느끼는 인간은 시간이 지나면서 의심의 눈길을 주기 시작한다. 그리고 끊임없이 서로 사랑을 확인한다. 특히 남자의 경우 여자보다 더 심하다. 왜 저 여자를 사랑했을까부터 왜 저 여자였지에 이르기까지 남자의 의심은 시간이 지날수록 심해진다.

하지만 약간의 시선을 돌리면 사랑이 주는 즐거움을 잃어버리는 것에 대한 두려움이 함께 존재한다. 즉 이별에 대한 두려움이 생기는 순간 대부분의 사람은 다시 처음의 정열적 사랑으로 돌아간다. 그리고 처음과 같은 집중력과 노력을 보인다. 바로 여기서 두 번째 결정작용이 나온다고 스탕달은 주장한다. 의심 끝에 저 여자는 나를 사랑한다는 결론에 이르는 순간 다이아몬드보다 더 확실하고 견고한 결정작용이 시작된다는 것이다.

의심의 순간이 사라지고 확고한 사랑을 얻는 순간 또 다른 사랑의 매력에 빠진다. 심지어 지금까지 보지 못했던 상대방의 매력이나 아름다움을 찾아낼 때도 있다. 하지만 여전히 내적 갈등은 계속된다. 특히 남자에게 이런 현상이 나타나는데 눈을 뜨고 사랑하는 여자를 보는 순간 '저 여자는 과연 나를 사랑하고 있을까?' 하고 스스로 탄식하면서 흔들린다. 이런 괴로움에 눈을 감는 순간 자신을 보고 웃고 있는 여자의 모습이 생생하게 뇌리를 스쳐 지나간다. 바로 이때 모든 남자는 '바로 이거야, 바로 이 여자야, 이 여자가 없으면 나는 안 돼'라고 말한다. 그리고 스탕달은 바로 이 두 번째 결정작용이 사랑의 진리라고 말한다.

○ 불륜과 질투 사이

사랑은 소유일까? 아니면 행복을 누리거나 즐기는 것일까? 사실 우리가 사랑을 하는 이유는, 혹은 사랑을 통해 우리가 느끼는 것은 행복이고 보다 즐거운 삶이다. 하지만 우리는 사랑을 소유로 보는 경향이 강하다. 즉 사랑의 대상이 있어야 행복하고 즐길 수 있기 때문이다. 그렇기 때문에 사랑은 소유에 대한 욕망이 강하다. 문제는 여기서 시작된다.

예를 들어서 당신이 첫눈에 반한 여자가 당신으로서는 상상도 할 수 없는 아주 멋진 자동차를 타고 가는 모습을 보았다고 하자. 그리고 그녀를 사랑하는 사람은 그런 자동차를 여러 대 보유하고 있는 부자라고 가정하자. 당신이 본 것은 자동차를 타고 가는 여자일 뿐이다. 하지만 그것을 본 당신의 오감은 도저히 참을 수 없는 분노로 하나하나 살아난다. 여기서 당신의 분노는 그녀에게 자동차를 제공해 주고 행복에 젖어 있는 당신이 전혀 모르는 남자로 향해 있다. 그리고 그가 행복해하는 모습을 상상만 해도 당신은 괴로움과 고통으로 떨 것이다.

하지만 당신이 할 수 있는 것은 아무것도 없다. 당신이 할 수 있는 유일한 것은 사랑하는 여자와 그녀를 사랑하는 사람 사이에서 당신의 사랑이 탄로나지 않게, 그냥 정말 그냥 태연하게 행동하는 것뿐이다. 그것만이 그녀 곁에 남아 있을 수 있는 유일한 방법이기 때문이다. 스탕달은 이런 것이 질투라고 했으며, 이 질투야말로 가장 큰 병 가운데 하나로 심할 경우 목숨까지 내놓을 수 있다고 주장한다. 더 심할 경우 당신은 그녀를 사랑하는 다른 남자를 죽이는 상상까지 할 것이다.

이때 당신이 할 수 있는 것은 단 한 가지뿐이다. 당신이 사랑하는 여자를 사랑하는 당신의 연적이 정말 바보 같고 어리석은 행동을 하여 그녀가 그 남자 곁을 떠나게 만드는 것이다. 그렇지 않은 이상 당신은 무관심한 상태에서 그녀를 바라볼 수밖에 없다. 철저하게 그녀를 갖고 싶은 마음에 혹은 행여나 그녀가 당신에게 찾아올지도 모른다는 생각에 항상 주위를 맴돈다. 어쩌면 당신은 연적의 허점만을 노리며 그녀의 주변을 떠나지 못하고 맴돌지도 모른다. 그러다 정말 우연히 연적이 허점을 보이면 순간적으로 그녀를 낚아챌 가능성도 없지 않다. 이렇게 질투는 철저하게 소유하고 싶은 마음으로부터 찾아온다.

사랑하는 사람을 소유하기 때문에 질투가 생기고, 그 질투는 눈에 보이는 불륜과 철저하게 연관되어 있다. 예나 지금이나 여자보다 남자가 야외활동을 더 많이 한다. 그렇기 때문에 남자와 여자가 사랑을 나눌 때 위험부담을 더 많이 안는 쪽은 여자다. 이런 이유인지는 모르지만 그래서 여자는 남자보다 의심이 많다. 남자의 바깥활동을 여자는 확인할 수도 없고 하지도 못하기 때문이다.

하지만 대부분의 여자는 남자를 질투하는 순간 스스로 타락했다고 믿거나 저속하게 생각하거나 우스운 여자라고 판단한다. 그래서 여자는 남자를 잘 의심하지 않는다. 그러나 남자는 다르다. 사랑하는 여자가 다른 남자와 다정하게 얘기를 나누거나 걷는 것을 남자가 보았다고 가정해 보자. 남자의 행동을 우리는 상상할 필요도 없다. 이때 남자는 여자가 다른 남자와 함께 있는 것만 생각하지 왜 함께 있는지에 대한 어떤 이유도 자신이 사랑하는 여자로부터 들으려고 하지도 않는다. 이때 여자는 이 남자가 더 이상 자신을 사랑하지 않는다는 사실을 알게 된다.

이렇게 남자의 질투는 무섭다. 스탕달이 살던 시절 여자에게 질투를 느낀 남자는 연적에게 결투를 신청하곤 했다. 그렇게라도 해서 질투의 돌파구를 찾아야 했기 때문이다. 그런데 여자는 어떤가? 여자는 질투하는 자신을 스스로 저속한 인간으로 취급한다고 했다. 이는 곧 여자의 질투에는 탈출구가 없다는 뜻이다. 그래서 여자의 질투는 종종 죽음으로 이어진다고 스탕달은 보았다.

질투의 전제는 불륜이다. 그것이 눈에 보이는 것이든 실질적인 것이든 그것은 중요하지 않다. 중요한 것은 남자의 불륜을 여자는 참을 수 있지만, 여자의 불륜을 남자는 참을 수 없다는 것이다. 그래서 스탕달은 불륜이 정열적 사랑과 과시적 사랑을 구별하는 좋은 예로 보고 있다. 남자의 불륜을 알고도 여자는 참는다. 비록 이 남자가 더 이상 자신을 사랑하지 않는다는 것을 알지라도 여자는 그 뒤에 찾아올 고통을 먼저 걱정한다. 불륜을 통한 질투가 남자의 자존심을 건드려 이별이나 이혼을 통보받을지 모른다는 걱정 말이다. 그렇기 때문에 여자는 남자의 불륜에 대한 질투심을 가능한 억누르고 그 사랑을 이어 간다. 결국 두 사람 사이에서 정열적 사랑은 사라지고 과시적 사랑만 남는다. 이렇게 과시적 사랑일수록 여자는 남자의 불륜에 대해서 모른 체한다.

○ 사랑싸움

불륜과 질투는 결국 사랑싸움으로 번진다. 스탕달에 따르면 사랑싸움에는 두 종류가 있다. 하나는 싸움을 거는 사람이 상대를 사랑하지 않는 경우이고, 다른 하나는 상대를 사랑하는 경우다. 사람과 사람이 만나 사랑할 때, 정신적이든 물질적이든 똑같지 않을 수도 있다. 그래서 열등한 사람은 우월한 사람을 보면 왠지 무시당한다는 생각과 함께 위축감을 느끼고 그것이 사랑에도 영향을 준다. 스탕달은 이것이 사랑의 결정작용에 크게 영향을 준다고 표현하고 있다.

사실 천재를 보면 그렇지 못한 자신에게 화도 나지만 얄밉기도 하다. 이렇게 열등한 사람과 우월한 사람이 함께 사는 동안 사람 사이의 증오나 갈등은 없어지지 않는다. 특히 열등한 사람과 우월한 사람이

사랑싸움
사랑싸움을 거는 쪽이 사랑하는 경우는 서로 사랑하고 있음을 확인하고 행복한 사랑임을 느끼는 아
주 작은 다툼과 같다고 스탕달은 말한다. 이런 사랑싸움은 쉽게 화해하고 서로에게 변화를 주며 사
랑은 오히려 발전한다. 베우미로 드 아우메이다 作, 'Arrufos(The Spat)', 1887.

연인으로 만났을 때, 우월한 사람의 행동은 더욱 조심해야 한다. 우월
한 사람이 조금만 이상한 행동을 하거나 말을 해도 열등한 사람은 열
등감에 모욕감까지 느낄 수 있기 때문이다.

　동등한 사람끼리의 사랑은 조금 다르다. 스탕달에 따르면 이들은
정열적 사랑을 주고 받은 다음 어느 정도 사랑싸움이 있어야 그 사랑
이 지속될 수 있다고 한다. 그리고 싸움을 거는 사람은 상대를 사랑하
지 않을 경우에 가능하다고도 한다. 삶이 지루하거나 이기적일 경우
이런 종류의 사랑싸움이 생기는데 습관적이기 때문에 더 이상 사랑

하는 사이라고 볼 수 없다. 그리고 이들에게는 예전에 나누었던 정열적 사랑과 육체적인 사랑의 쾌락만은 여전히 추억처럼 남아 있다. 이런 종류의 사랑싸움을 거는 사람은 결코 고상한 사랑을 한다고 할 수 없고 오히려 병적인 집착만 남는다. 그래서 이들은 서로의 존재를 확인하기 위하여 정열적 사랑을 나누는 것이 아니라 싸움을 택한다. 이들의 사랑은 이렇게 금방 부서지지만 순수한 정열만은 쉽게 사라지지 않는다.

사랑싸움을 거는 쪽이 사랑하는 경우는 서로 사랑하고 있음을 확인하고 행복한 사랑임을 느끼는 아주 작은 다툼과 같다고 스탕달은 말한다. 이런 사랑싸움은 쉽게 화해하고 서로에게 변화를 주며 사랑은 오히려 발전한다. 특히 이런 사랑싸움의 경우 여자는 남자에게 말 못할 고민이 있겠지, 혹은 남과 나눌 수 없는 슬픔이 있을 거라며 남자를 이해하려고 한다. 이렇게 함으로 여자는 스스로 위로하고 남자를 이해하고 용서한다. 이런 사랑싸움은 반복될수록 화해에도 익숙해져 편해진다.

스탕달은 싸움 후에 돌아서서 바로 화해하는 사랑싸움이야말로 도박이나 권력만큼이나 삶에 활력을 준다고 보았다. 하지만 아무리 활력을 주는 작은 다툼이라고 해도 너무 잦으면 누군가는 지치게 되고, 희생이 생길 수밖에 없다. 바로 여기서 우리는 사람의 성격이나 교육 정도를 본다. 사랑의 행복이나 즐거움은 작은 다툼과 같은 가벼운 것으로 표현하는 경우가 있다. 이런 사람은 주로 거칠거나 난폭한 성격의 소유자이거나 교육을 적게 받은 사람이다. 즉 교육과 같은 것을 통해 풍부한 감수성을 배우지 못했기 때문이다. 하지만 이런 사람에게 사랑싸움은 서로를 향한 격정 혹은 정열적 사랑으로 보이는 경우도 있다. 그렇기 때문에 오히려 물건을 파괴하고 폭력을 휘두르는 사랑싸움을 그리워하거나 성적 쾌감을 자극하는 요소로 생각하기도 한다. 아무리 부부싸움은 칼로 물 베기고 약간의 사랑싸움은 삶의 활력소라고 하지만 폭력이나 파괴는 지나친 행동이 아니겠는가.

이런 것을 긍정적으로 본다면 오히려 사랑의 열병을 앓고 있는 연인이거나 부부라고 할 수 있다. 그러나 이런 사랑의 열병을 치료할 수 있는 약은 동서고금을 통틀어도 없다. 그래서 스탕달도 외적인 위협으로부터 스스로를 보호하려는 본능이 생기기 전에는 결코 사랑의 열병에서 벗어날 수 없다고 했다. 하지만 어지간한 외적인 위협으로는 사랑의 열병을 고칠 수 없다. 포탄이 오가고 죽음이 코앞에 놓인 전쟁터에서도 사랑하는 사람을 생각하면 그보다 더 행복할 수 없고, 그런 사람을 생각하며 죽는 것에 오히려 감사하기도 한다.

이렇게 사랑의 열병을 앓는 사람은 상상만으로 전율을 느끼고 하루 종일 행복에 젖을 수 있다. 이런 사람을 치료하기 위해서는 무조건 사랑하는 사람을 존경하고 칭찬해 줘야 한다. 사랑의 열병을 앓는 사람은 자신의 배우자가 불륜을 저지르든 잔인한 배신을 하든 인정하지도 않고, 인정한다고 해도 금방 용서한다. 그렇기 때문에 열병의 치료 방법은 의외로 간단하다. 어쭙잖게 위로하거나 부정적인 얘기는 하지 말고 그냥 상상 속의 사랑얘기를 들어 주기만 하면 된다.

스탕달은 사랑의 열병에 빠진 사람이 사랑하는 사람 옆에 있는 것만으로도 행복에 젖고 즐거움을 느끼는 이유는 상상력 때문이라고 말한다. 이 상상력은 곧 결정작용으로 이어져 너무나 평범한 나뭇가지가 다이아몬드 가지가 되고 눈꽃이 되고 마는 것이다. 어떤 사랑싸움도 사랑의 열병을 이길 수 없는 이유가 여기 있다.

16

쇼펜하우어의 사랑
염세주의자에게 사랑이란 육체적 사랑뿐

◘ 염세주의자의 눈에 비친 여성

　　　　　　　세상은 불합리할까? 세 살짜리 아이
의 삶은 슬픔으로 가득 차 있을까? 만약 세상이 불합리하고 슬픔으로
가득 차 있다면 세상의 삶 속에서 생기는 모든 희노애락 喜怒哀樂은 일
시적이면서도 없는 것이라 할 수 있다. 이런 철학적 사조를 우리는 염
세주의라고 한다. 그렇다면 염세주의자에게 행복이니 사랑이니 하는
것이 과연 의미가 있을까?

　쇼펜하우어 Arthur Schopenhauer, 1788-1860는 누가 뭐래도 독일을 대표하는
염세주의 철학자다. 이런 그도 행복에 관한 얘기를 했고, 사랑에 관한
얘기도 했다. 일반적으로 남자는 여자와 사랑을 한다. 그리고 최소한
자신의 눈에 사랑스러워야 사랑을 할 수 있다. 염세주의자의 눈에도
사랑스러운 여자가 있을까? 진정한 그의 생각이 정말 궁금하다. 여자

아르투어 쇼펜하우어

에 대해서 어떻게 생각하는지 쇼펜하우어가 남긴 글을 통해 살펴보자.

쇼펜하우어는 1851년 철학에 대한 자신의 논문을 모두 『소품과 증보집 Parerga und Paralipmena』이란 제목으로 출판한다. 이 책은 두 권으로 되어 있는데 우리나라에서는 이 중 일부를 번역하여 『쇼펜하우어의 인생론』 혹은 『쇼펜하우어의 처세론』으로 출판되었다. 이 『소품과 증보집』 27장은 『여성에 대하여 Über die Weiber』라는 소제목이 붙어 있다. 우리는 이 논문을 통해 여자에 대한 쇼펜하우어의 생각을 알 수 있다.

쇼펜하우어는 섹션 363 이하에서 여성은 신체적으로 남성보다 작기 때문에 정신적인 일과 육체적인 일을 남자만큼 할 수 없다고 전제한다. 그렇기 때문에 여성은 남성에 비해 다른 것으로 대신해야 하는데, 그것은 아이를 낳아 키우고 남편에게 복종하는 인내심을 가져야 한다고 한다. 그렇기 때문에 여성은 남성에 비해 일생동안 모든 것을 참고 고뇌하며 조용히 지내야 할 의무를 갖고 있다. 물론 이런 신체적인 문제로 여성과 남성의 역할이 다르다고 해서 행복과 불행을 좌우하는 것은 아니고 단지 역할의 문제일 뿐이다.

이 정도면 쇼펜하우어가 여성을 어떻게 보고 있는지 충분히 알 수 있다. 더 나아가 여성은 단지 어린아이를 키우고 가르치는 역할만 하기 때문에 몸집만 큰 아이에 불과하다고 주장한다. 여성은 종일 어린 아이와 놀고 꾸미며 장난이나 치면서 산다. 그래서 여성은 어린아이와 남성의 '중간적 존재eine Art Mittelstufe'에 불과하고 남성과 다르게 '진정한 인간eigentlicher Mensch'이라고 할 수 없다.

덩치 큰 어린이에 불과하고 진정한 인간이 아닌 여성이 남성과 어울리기 위해서 필요한 것이 무엇일까? 그것은 바로 꾸밈이다. 마치 배우가 촬영을 위해서 꾸미는 것처럼 여성은 화장을 하고 보석으로 치장을 하며 좋은 옷으로 스스로를 감싼다. 문제는 진정한 인간이라고 할 수 있는 남성은 이런 여성에게 꼬임을 당한다는 것이다. 잘 꾸민 여성은 남성의 환상 속의 여자가 된다. 잠시 환상에 빠진 남성은 평생을 두고 여성을 누구보다 공경하고 보살피며 시중을 들며 산다. 이런 관점에서 여성의 꾸밈은 평생을 대우받기 위한 무기이며 도구다. 하지만 이런 꾸밈으로 남성을 환상에 빠뜨리는 것도 기간이 정해져 있다. 그 기간이 지나면 그 꾸밈도 먹혀들지 않는다.

쇼펜하우어에 따르면 여성은 아기를 두세 명 낳고 나면 여성으로서의 아름다움을 상실한다. 그렇기 때문에 여성은 이 시기를 최대한으로 이용하여 꾸며야 한다. 여성은 이 시기를 놓치지 않으려고 꾸미다 보니 자신의 본분을 잊기 마련이다. 여성은 육아와 가사 그리고 남편을 돌보는 일이 주업이다. 그런데 꾸미는 시기를 놓치면 미래도 보장받지 못한다. 그래서 여성은 가사나 육아는 자신의 주업이 아니라고 생각하거나 잠시 잊고 화장을 하고 춤을 배워 환상에 빠진 남성을 찾아 나선다. 심할 경우 스스로 사랑에 빠져 남성을 찾아 배회하는 여성도 있다.

여성을 '진정한 인간'이라고 할 수 없다는 이 말과 화장과 춤으로 무장하고 환상에 빠진 남성을 찾아 나선다는 이 두 가지만으로도 쇼펜하우어가 여성을 어떻게 생각했는지 우리는 충분히 알 수 있다. 이런 쇼펜하우어의 생각을 나쁘게 표현하면 '여성은 인간이 아니고 남성의 꽁무니나 쫓아다니는 큰 아이다'라고 할 수 있다. 이 정도면 쇼펜하우어는 여성에 대한 혐오감을 가진 것이 아니라 여성 자체를 무시한다고 할 수 있다. 이유야 어디에 있던 쇼펜하우어가 왜 염세주의자이며, 염세주의자 쇼펜하우어가 갖는 여성에 대한 생각을 엿볼 수 있는 부분이다.

○ 여성은 육체적 사랑을 위해서만
   필요한 존재

인간은 현재를 사는 동물일까 아니면 과거와 미래와 함께 사는 동물일까? 사실 둘 중 하나를 고르는 것은 쉽지 않다. 아마도 인간은 과거를 거울삼아 미래를 계획하면서 현재를 살아간다. 이렇게 할 수 있는 이유는 이성이 있기 때문이다. 그렇다면 진정한 인간이 아닌 여자는 어떨까? 쇼펜하우어는 『여성에 대하여』 섹션 366 이하에서 어떤 것이든 높고 완벽한 것은 천천히 그리고 늦게 완성된다고 한다. 즉 대기만성을 애기한다. 이성이 바로 그런 것이다. 나이까지 콕 집어서 남성의 경우 28살, 여성은 18살이면 이성과 정신력이 성숙해진다고 쇼펜하우어는 말한다. 즉 여성의 이성은 남성에 비해 덜 영글었다는 뜻이다.

이런 이성을 가진 여성은 과거나 미래에 대해서는 전혀 생각하지 않고 오직 현재만 생각한다. 현재 무엇을 먹고 어떻게 치장하며 어떻게 돈을 쓸까만 생각하는 것이 여성이다. 그래서 여성에게는 돈이 남성에 비해서 더 많이 필요하다. 혹시라도 남성이 일찍 죽을 수 있으니 여생을 위해 여성은 돈을 마련해 두어야 한다. 이런 여성을 위해 죽어나는 것은 사랑이라는, 그것도 육체적인 사랑의 환상에 빠진 남성이다.

인간이나 동물이나 종족번식은 본능이며 의무다. 이 종족번식을 위해 필요한 것이 두 가지가 있다. 하나는 '젊고 강하고 멋진 남성junge, starke und schöne Männer'이고 다른 하나는 남성의 사랑을 받아들이는 '여성의 정열Leidenschaft der Weiber'이다. 쇼펜하우어는 이 두 가지 요건을 하나의 법칙으로 보고, 이 법칙이야말로 자연의 어떤 법칙보다도 우세하고도 우월하다고 보았다. 만약 개인의 이익이나 어떤 권리 때문에 이 법칙을 무시하거나 포기하면 아주 큰 문제가 된다. 결혼 후 여성이 몸매나 건강을 핑계로 종족번식을 포기하거나 자식의 양육이나 교육의 문제로 다투는 모든 것은 바로 이 법칙을 무시한 경우다. 오늘날 우리가 겪는 결혼 기피나 인구감소와 같은 심각한 일이 바로 이렇게 생겨남을 쇼펜하우어는 일찍 알고 있었다.

여성의 모습은 어떤가? 쇼펜하우어는 여성의 모습을 작은 키에, 좁은 어깨, 큰 엉덩이 그리고 짧은 다리로 묘사하고 있다. 이런 정말 볼품없는 여성이 아름답게 보이는 이유는 바로 육체적 성욕에 빠져 있는 남성 때문이다. 그래서 여성의 미는 사실 남성의 성욕을 위해 아름답게 포장되었을 뿐이다. 미술이든 조각품이든 모든 예술품은 바로 이런 성욕에 허덕이는 남성을 위해 미화된 여성의 모습이 대부분이고 그것을 이해하는 여성도 많지 않다. 여성을 보는 남성의 눈은 신기루에 젖어 있거나 환상에 빠져 있기 때문에 여성은 마치 뛰어난 감수성을 갖고 모든 예술품을 이해하는 양 스스로를 포장한다. 그러면 남성은 육체적 사랑에 빠져 여자를 차지하려 한다. 바로 여기서 여성의 지배욕이 등장한다. 여성은 육체적 사랑에 빠져 허덕이는 남성을 지배함으로 스스로 세상을 지배한다고 착각하게 되는 것이다.

　더 큰 문제는 제도나 법이 이를 허용하고 있다는 것이다. 오늘날 대부분 나라에서는 일부일처제를 제도나 법으로 정하고 있다. 사실 일부다처제를 제도화했던 가장 큰 이유는 가난하고 불쌍한 여자에게 남자가 생활비를 대 주고 먹여 살리는 것이다. 이렇게 함으로 사회전반에 걸쳐 가난과 궁핍이 사라지는 효과가 있다. 하지만 일부일처제가 시행됨으로 많은 여성은 결혼하지 못하기 때문에 생활에 어려움을 겪게 되고 결국 그들은 남성의 성적 노예가 되어 생활비를 얻거나 심할 경우 창녀가 되어 스스로 생활비를 구해야 한다.

　쇼펜하우어에 따르면 결국 일부일처제도가 남성의 성욕을 만족시키는 제도가 되고 말았다는 것이다. 이런 불합리한 제도가 왜 존재할까? 법이나 제도가 여성에게 남성과 동등한 권리를 인정했기 때문이다. 여성의 존재가 미비하고 이성적으로 부족하지만 결혼을 함과 동시에 법은 여성에게도 남성과 동등한 권리와 명예를 인정한다. 부유한 남성과 결혼한 여성은 남성과 같은 권리와 명예를 누릴 수 있고, 가

지도를 보는 젊은 커플
쇼펜하우어는 '젊고 강하고 멋
진 남성'과 이를 받아들이는 '여
성의 정열'이야말로 자연의 어
떤 법칙보다 우세하고 우월하다
고 보았다. 에밀 카를 브라크 作,
'Planning the Grand Tour', 19세
기경.

난한 사람과 결혼한 여성도 그만은 못하지만 결혼하기 전보다는 나름
대로 권리와 명예를 누리기 때문이다.

　이런 이유 때문에 쇼펜하우어는 여성은 치장을 하거나 꾸미는 등
여러 가지 방법을 동원하여 남성의 성적 욕구를 충족시키고 남성이
갖고 있는 권리와 명예를 차지한 다음 동등한 지위를 확보한다는 것
이다. 우리도 이런 쇼펜하우어의 주장을 부정할 수는 없다. 왜냐하면
그런 여성도 있기 때문이다. 하지만 모든 여성이 다 그런 것은 아니
다. 성적으로 문란한 여성을 통해 쇼펜하우어는 모든 여성이라는 일
반화의 오류를 범하고 있는 것 같다. 하지만 오늘날 여러 국가나 사회
를 보면 쇼펜하우어의 생각 자체를 부정하기도 어렵다.

O 성욕이란 이름의 사랑

여성을 이 정도로 비하하는 염세주의자 쇼펜하우어가 생각하는 사랑은 과연 무엇일까? 그의 생각을 좀 더 깊이 알기 위해서 우리는 1819년 발표된 주저 『의지와 표상으로서의 세계Die Welt als Wille und Vorstellung』를 살펴봐야 한다. 이후 쇼펜하우어는 1844년 개정판을 낸다. 첫 번째 판은 한 책Ein Band으로 출판되었는데 개정판은 두 책Zwei Bände으로 출판된다. 개정판 중 두 번째 권도 내용은 첫 권과 마찬가지로 4부Buch로 나누어져 있다. 하지만 두 번째 권은 첫 번째 권을 보충Ergänzung하는 내용이다. 바로 이 두 번째 권 4부 44장의 소제목이 『사랑의 형이상학Metaphysik der Geschlechtsliebe』이다. 우리는 바로 여기서 쇼펜하우어가 생각하는 사랑이 무엇인지 살펴볼 수 있다.

남녀 간의 사랑을 시인보다 더 잘 표현하는 사람은 없을 것이다. 그만큼 남녀 간의 사랑은 영화나 소설의 좋은 주제다. 사랑 때문에 남자든 여자든 하나가 죽으면 더 극적이다. 이럴수록 관객이나 독자는 더 흥분하고 애틋한 감정을 가누지 못한다. 남녀 간의 사랑으로 죽는 사람은 시인의 작품이나 영화 속에서만 존재하는 것이 아니다. 실질적으로 사랑을 이루지 못해 죽는 사람도 많고 정신질환을 앓는 사람도 많다.

이런 죽음을 한 번 들여다보자. 사랑하는 사람의 죽음은 단순한 사건으로 처리되고 동사무소 직원에 의한 주민등록말소라는 한 줄 흔적으로 남을 뿐이다. 죽는 사람은 세상이 무너지고 아픔은 하늘 같은데 그 뒷처리는 너무나 간단하다. 쇼펜하우어는 왜 이런 어리석은 짓을 하느냐고 오히려 묻는다. 우리가 사랑을 하는 이유가 무엇인가? 그것이 육체적이든 정신적이든 행복 때문이다. 사랑을 통해 최고의 행복을 누리고 싶은데 왜 용감하게 일어나지 못하고 죽음으로 행복을 버리려 하는가?

사실 죽음으로 최고의 행복인 사랑을 버리는 사람은 그렇게 많지 않다. 정말 많은 것은 육체적 성욕이 작용하는 가벼운 사랑이다. 정확하게 언제부터 성욕이 발동하여 가슴속에 사랑의 불씨를 피우는지는 잘 모르지만, 육체적 성욕의 가벼운 사랑이야말로 우리의 삶에 있어서 최고의 행복을 택해 죽음을 선택하는 사건보다 더 중요한 사건이 아닐 수 없다. 물론 최고의 행복을 꿈꾸며 사랑 때문에 죽음을 선택하는 사람은 성욕이야말로 최고의 사랑이라는 주장에 말도 안 된다고 할지 모른다.

여기서 쇼펜하우어는 묻는다. 지금 당신이 사랑하는 여자의 나이에서 18살만 빼면 어떻게 될까 하고 말이다. 성욕이란 이름으로 사랑에 눈뜰 나이를 대충 20대로 잡는다면, 그리고 여기서 18살을 뺀다면 5살 전후의 어린아이가 된다. 어느 누구도 이렇게 어린 나이의 아이에게 사랑을 느끼지는 않을 것이다. 결국 사랑을 느낀다는 것은 성숙한 육체를 가진 사람이라는 뜻이고, 그 육체를 탐한다는 것은 성욕이 없으면 불가능하다. 남녀 간의 사랑이 아무리 '맑은 영적인 것ätherisch'이라고 할지라도 성욕을 근거로 하고 있다는 것이 쇼펜하우어의 생각이다.

문제는 이 성욕이다. 대부분의 경우 이 성욕은 젊을 때 나타난다. 그리고 시간과 장소를 가리지 않고 나타난다. 심지어 의지와 전혀 관계없이 나타난다. 더 심각한 것은 중요한 일을 할 때든 사소한 문제를 해결해야 할 때든 이 성욕은 가리지 않고 나타난다는 것이다. 그렇기 때문에 때에 따라서는 이 성욕이 선하고 착한 사람을 변태로 만들기도 하고 착한 제자나 좋은 스승도 나쁜 사람으로 몰아갈 수 있다는 것이다.

여기에 쇼펜하우어는 더 심각한 하나의 개념을 추가시킨다. 대부분의 사람은 이기적이라는 것이다. 인간이 어떤 행동을 하는 것은 이기적이기 때문에 가능하다. 종족번식이라는 문제를 고민하면서도 인간은 이기심을 먼저 생각한다. 심지어 인간은 개인의 희생이 필요한 경우에도 이기적인 행동을 한다. 실질적으로 종족번식의 행위에 사랑이 없으면 불가능하다. 그런데 이기심이 강한 인간은 정말 종족번식을 위해 사랑을 나눌까 아니면 성욕을 이기지 못해 사랑을 나눌까?

인간은 이 문제를 놓고 심각한 고민을 해야 한다고 쇼펜하우어는 보고 있다. 그러나 대부분의 인간은 종족번식보다 성욕을 먼저 택한다는 것이다. 참 모순된 얘기이긴 하지만 인간이 성욕을 택했기 때문에 종족번식도 가능하다. 그리고 그 종족번식을 통해 인간은 다른 동물을 지배했고 오늘날과 같은 사회를 형성했다. 사랑이 문학이나 영화에서처럼 최고의 행복을 추구하는 것인지 아닌지는 모르지만 성욕을 이기지 못한 젊은 남녀 간의 사랑이 있었기에 이 모든 것이 가능했던 것이다. 이런 관점에서 볼 때 사랑은 결국 성욕의 결과라고 하는 쇼펜하우어의 생각을 우리는 완전히 모순이라고 할 수는 없을 것 같다.

O 사랑의 형이상학

쇼펜하우어는 『사랑의 형이상학』에서 사랑을 아무리 미화시키고 변명을 해도 단지 육체적 사랑에 불과하다고 주장한다. 그리고 육체적 사랑일 수밖에 없는 이유는 바로 인류의 종족본능이다. 사랑이 이렇게 인류를 유지하기 위한 본능이기 때문에 사랑한다는 그 자체가 괴롭고 힘들지만 자신도 모르게 환락에 빠진다. 하지만 그 원래의 목적을 잊어서는 절대로 안 된다.

육체적 사랑이 종족번식을 위한 것이기 때문에 사랑을 나누는 남자와 여자는 서로 다른 행동을 해야 한다. 특히 남자보다 여자는 성적으로 문란해서는 안 된다. 종족번식이나 유전자 보존을 위해서 남자나 여자는 많은 자식을 낳아야 한다. 하지만 여자는 아무리 많은 남편이나 애인이 있어도 임신기간이 있기 때문에 1년에 한 명만 낳는 것이 정상이다. 하지만 남자는 다르다. 남자는 부인이나 애인이 많으면 많을수록 많은 자식을 생산할 수 있다. 이런 이유 때문에 어느 시대나 어떤 민족이든 상관없이 여성에게 순결을 요구하고 정숙한 성생활을 강조하였다.

쇼펜하우어도 같은 맥락에서 여성이 육체적 사랑을 나눌 수 있는 시기를 정하고 있다. 그 기간은 건강한 자손을 생산하기 위한 기간과 일치하며, 모두 다섯 가지다. 먼저 나이Alter다. 여성이 육체적 사랑을 나눌 나이는 가임기, 즉 생리가 시작되면서 끝날 때까지다. 둘째는 건강Gesundheit인데 병에 걸린 여자는 건강한 아기를 낳을 수 없고, 만성질환은 아기에게 유전될 수 있다. 세 번째는 뼈대Skelett다. 육체적 사랑을 위해 여성은 신체적으로 골격이 이상하거나 뼈마디가 이상하여 체격이 불완전하면 남성으로부터 선택받을 수 없다고 쇼펜하우어는 생각하고 있다. 네 번째 조건은 신체적 풍만Fülle des Fleisches함이다. 신체적으로 풍만한 사람만이 생식임무도 잘 수행하지만 태아에게도 충분한 영양을 줄 수 있다. 마지막 조건은 아름다운 얼굴Schönheit des Gesichts이다. 하지만 쇼펜하우어는 얼굴의 아름다움을 뼈대와 관련시키고 있다. 얼굴의 골격이나 뼈대가 정상적이면 당연히 얼굴도 아름답다고 보았다. 어쩌면 사람의 신체 중 노출되는 부분은 얼굴밖에 없고, 그 얼굴을 통해 뼈대를 확인할 수 있기 때문에 마지막 조건으로 생각한 것 같다.

쇼펜하우어가 주장하는 『사랑의 형이상학』을 읽다 보면 화가 난다. 쇼펜하우어도 이를 의식한 것 같다. 특히 사랑의 환상에 취해 있거나 환락에 빠져 있는 사람일수록 더더욱 그렇다. 하지만 사랑이 무엇인지 더 깊이 생각하는 사람이라면 『사랑의 형이상학』이 많은 도움이 될 것이라는 것이 또한 쇼펜하우어의 생각이다. 우리는 흔히 묻는다. 사랑한 다음 결혼을 할 것인가 아니면 결혼한 다음 사랑을 나눌 것인가 하고 말이다. 참 어려운 문제다. 오늘날의 과학은 사랑에도 유효기간이 있다고 말한다. 그 기간은 3년 정도라고 한다. 쇼펜하우어도 당시 주변의 많은 남성과 여성을 통해 이 사실을 알고 있었던 것 같다.

우리 속담에 고기도 먹어 본 사람이 맛을 안다고 했다. 경험이든 체험이든 몸으로 겪는 것이 얼마나 중요한 것인지를 알려 주는 우리 선조의 가르침이다. 사랑은 어떨까? 같은 관점에서 사랑도 받아 본 사람이 사랑할 줄 안다고 할 수 있다. 사랑이 무엇인지 모르는 사람이 어찌 사랑을 알고 주겠는가! 쇼펜하우어가 바로 그런 경우인 것 같다. 아버지와 어머니의 서로 맞지 않는 성격과 취미. 이것은 결국 두 사람이 사랑하지 않는 관계를 만들었고, 역시 자식에게 사랑을 주지 못했다.

쇼펜하우어의 아버지는 단지 아들에게 세계 여행을 시키고 외국어를 많이 가르치는 것이 최고의 교육이라고 믿었다. 그 이유는 간단하다. 자신의 사업을 물려줘 세계적인 사업가로 키우고 싶었던 것이다. 그것은 사랑과는 다르다. 어머니도 마찬가지다. 남편으로부터 받지 못한 사랑을 문학동아리에서 찾았다. 그러니 당연히 아들에게 줄 사랑이 없었다.

이런 상황 속에서 쇼펜하우어가 알고 있는 사랑은 어머니와 아버지의 사랑이 전부다. 우리는 쇼펜하우어에게 자신의 어머니를 평범한 여성으로 생각한 일반적 오류를 범하지는 않았는지 물어본다. 그리고 아버지를 통해 육체적 사랑이란 종족유지를 위해서만 필요한 것이라 생각했을 수도 있다. 이것이 쇼펜하우어가 생각하는 사랑의 전부가 아닐까?

그래서 쇼펜하우어의 사랑은 염세적이고 육체적이지 않을까? 사랑하는 사람끼리 왜 떨어져 있으면 안 될까? 정신적으로 사랑한다면 장소와 거리는 상관없어야 한다. 그런데 못 보면 보고 싶고 안 보면 병이 난다. 그 이유는 바로 육체적 사랑을 하지 못하기 때문이다. 이것이 바로 육체적 사랑의 형이상학이다. 오히려 그의 육체적 사랑은 종족번식과 유지라는 측면에서 형이상학이라기보다 오히려 형이하학적이다. 이런 관점에서 개가 인간보다 더 좋다는 쇼펜하우어가 이해된다. 얼마나 많은 인간이 사랑이라는 이름으로 상처를 줬으면 반려동물을 키울까! 사람보다 반려동물을 더 사랑하는 오늘날 젊은이를 생각하면 그때나 지금이나 다른 것이 없는 것 같아 안타까울 뿐이다.

존 스튜어트 밀의 사랑
희대의 유부녀와 총각의 연애사건

○ 어머니 해리엇과 애인 해리엇

　　　　　　　　　　'신사의 나라'는 영국을 상징하는
여러 어구 중 하나다. 18세기부터 시작된 영국의 산업혁명은 최대다
수의 최대행복이라는 구호 아래 많은 사람이 가난에서 벗어나길 바랐
고, 사실 그렇게 되었다. 특히 봉건영주에 예속되어 살아야 했던 농민
이나 서민은 산업혁명으로 노동자가 필요한 공장에 취직하고 기술을
익혀 산업역군으로 성장했다. 동시에 물질적 부도 함께 축적한 이들
은 전원주택을 짓고 주말이면 가족과 함께 조용한 곳에서 시간을 보
내며 봉건영주 밑에서 고생하던 생활을 생각하며 자신에게 주어진 삶
을 즐겼다.

　이런 사람의 삶을 가리켜 당시 영국 사람은 젠틀리gently한 삶이라고
했고, 이런 사람을 가리켜 젠틀맨gentleman, 즉 신사라고 했다. 신사란

존 스튜어트 밀

단어의 어원을 이런 영국 사람의 삶에서 찾는다면 열심히 노력해서 스스로 번 돈을 남에게 피해주지 않고 자신과 가족을 위해 잘 쓰는 사람을 가리키는 말이다.

단어의 어원이나 시작은 어찌 되었던 영국의 '신사'라는 단어는 참 많은 의미를 내포하고 있다.

이런 신사의 나라에서 총각과 유부녀가 사랑을 나누었으니 참 나라가 조용할 수 없었을 것이다. 바로 존 스튜어트 밀John Stuart Mill, 1806-1873과 해리엇 테일러Harriet Hardy Taylor Mill, 1807-1858의 얘기다. 존은 영국의 공리주의 철학자의 대표인 아버지 제임스 밀James Mill, 1773-1836에게 세 살부터 소위 말하는 천재교육을 받고 자란 상류층 가문의 엘리트다. 상류층 출신의 엘리트가 유부녀와 사랑에 빠졌다는 사건은 당시 영국에서는 당연히 얘깃거리가 될 수밖에 없었다.

해리엇의 남편 테일러John Taylor 1796-1849는 영국의 유명사업가로 그리스도교의 한 분파인 유니테리언주의Unitarianism를 믿는 자유주의자였다. 당시 유럽의 유니테리언주의자는 가톨릭과 개신교로부터 많은 박해를 받았다. 견디다 못한 이들은 영국을 찾았다. 영국의 유니테리언주의는 성공회를 믿지 않는 사람을 중심으로 널리 퍼져 있었다. 이런 영국의 상황 속에서 테일러는 영국으로 온 유니테리언주의자를 받아

들여 살길을 마련해 주는 역할을
하였다.

　같은 자유주의자 존과 테일러
의 만남은 그렇게 어렵지 않았다.
테일러의 할아버지는 존 집안의
이웃이었고, 그는 어린 존에게 아
주 친절하게 대해 주었다. 존과
테일러의 만남은 간단하였지만,
문제는 그 사이에 해리엇이 있었

해리엇 테일러 밀

다는 것이다. 해리엇은 존을 만났을 때 테일러와의 세 번째 아기를 임
신하고 있었다. 하지만 존과 해리엇은 다른 사람을 전혀 의식하지 않
고 사랑에 빠졌다.

　이브가 아담을 위해서 만들어진 이후 여성의 지위는 그렇게 높지
않았다. 그리스도교 교리에 따르면 남성과 여성은 평등하지만 가정에
서 남성과 여성 사이에 평등은 없다. 아니 평등 대신 주종관계에 놓여
있다는 것이 더 옳을지도 모르겠다. 존의 어머니 해리엇Harriet Murrow은
누가 봐도 아름다운 여성이었고, 현명한 어머니였다. 자기보다 10년
이나 어렸지만 아름다운 외모에 반한 제임스는 바로 결혼하였고, 부
인을 아주 사랑했다. 하지만 시간이 지나면서 존의 어머니 해리엇은
한 가정의 노예 혹은 종으로 전락하고 말았다. 가장 큰 이유는 제임스
와 지적인 대화가 통하지 않는다는 것이다. 심지어 제임스는 남 앞에
서도 자신의 부인을 욕하거나 경멸하였다고 한다. 이렇게 해리엇은

제임스 집안의 식모로 혹은 자식을 낳는 여자로 혹은 온 집안의 청결을 책임지는 종으로 그 일생을 마쳤다.

어릴 때부터 아버지로부터 천재교육을 받은 존은 아버지의 영향을 참 많이 받았다. 어머니 해리엇에 대한 생각도 마찬가지다. 존도 아버지가 무시한 어머니 해리엇을 존경하지 않았고 좋아하지 않았다. 이런 어머니 해리엇만 보고 살던 존은 어느 날 애인 해리엇을 만났다. 그것도 지적인 대화를 갈망하며 조용히 자유주의자의 집에서 살고 있던 그녀를 말이다. 서로 첫눈에 반하지 않으면 이상하지 않겠는가! 하지만 당시 영국 사회는 이들의 사랑을 인정하지 않았다. 무수한 뒷얘기가 오고갔다. 하지만 두 사람은 전혀 개의치 않았다. 오늘날 우리가 말하는 '내가 하면 로맨스고 남이 하면 불륜'이라는 말이 그들에게 딱 맞아떨어지는 것 같다.

○ 사랑의 조건으로 지적 대화

존의 가장 대표적인 저서는 1859년에 출판된 『자유론On Liberty』이다. 존은 『자유론』 헌정사에서 "친구이며 아내였던 여인에게 사랑과 애처로운 추억을 가득 담아 바친다"고 적고 있다. 이 문장에서 눈에 띄는 것은 '친구'이며 '아내'라는 표현이다. 1830년 24살의 존은 22살의 해리엇을 처음으로 만난다. 테일러가 1849년 죽고 2년이 더 흐른 1851년 두 사람은 결혼한다. 그리고 안타깝게도 이 결혼은 오래가지 못하고 1858년 해리엇이 죽으면서 끝난다. 숫자로만 보면 두 사람의 결혼생활은 고작 7년에 불과하다. 하지만 두 사람이 교제한 기간은 ―그것이 친구든 애인이든 상관없이― 무려 21년이다.

보수적인 기질이 강한 나라이며 상류층과 하류층이 구별되어 있는 나라임과 동시에 귀족과 평민의 삶이 다른 나라 영국에서 두 사람은 21년이란 긴 기간 동안 교우관계를 유지했다. 존은 1873년에 발간한 자신의 『자서전*Autobiography*』 6장에서 해리엇을 미인이며 재치 있고 우수한 기품을 지녔으며 예리한 직관력과 지성을 갖춘 여자라고 표현하고 있다. 그리고 그녀의 남편 테일러에 대해서는 강직하고 용감하며 자유주의에 대해서 잘 교육받은 훌륭한 인물이라고 서술하고 있다. 하지만 그러면서도 지적인 면이 없으며 예술에 취미가 없는 사람이라 해리엇의 반려자로는 조금 부족한 사람이라고 적고 있다.

많은 철학자는 여성이 남성보다 이성적으로 부족하기 때문에 철학을 비롯한 깊은 학문을 할 수 없다고 주장한다. 존도 마찬가지다. 특히 존은 어머니의 무능함을 아버지 제임스로부터 항상 듣고 자랐다. 하지만 『자유론』의 헌정사나 『자서전』을 보면 친구 해리엇에 대해서는 어머니와는 전혀 다른 표현을 하고 있다. 정말 따뜻하고 정감 넘치는 사람이라는 생각이 들 정도로 말이다. 그런데 어머니 해리엇에 대해서는 왜 그렇게 냉정했을까? 여기서 우리는 아버지 제임스의 영향을 거론했다. 제임스는 아내 해리엇과 지적인 대화가 이루어지지 않는다고 늘 불평했다. 존은 아버지 제임스로부터 이 부분에서도 교육을 받은 것 같다. 지적인 대화를 할 수 있는 애인이나 부인을 맞이하라고 말이다. 그러다 우연인지 필연인지 해리엇을 만난다. 다른 사람의 눈

총이나 억측 혹은 수많은 비난에 대해서도 아랑곳하지 않고 꿋꿋하게 두 사람은 지적인 대화를 이어 갔다.

당시 영국 사회가 두 사람을 어떻게 볼지 모르지만 존은 두 사람이 지적인 대화를 이어 갔다는 것을 『자유론』의 헌정사에서 분명히 밝히고 있다. 즉 해리엇은 『자유론』의 가장 중요하고 훌륭한 부분을 서술할 수 있는 영감을 존에게 주었기 때문에 이 저서는 당연히 두 사람의 공동 저서라고 존은 주장한다. 뿐만 아니라 그녀의 죽음으로 더 이상 해리엇의 위대한 사상과 고귀한 감정을 이 세상에 전할 수 없음을 안타까워한다. 해리엇이 없었다면 존은 자신의 모든 업적이 불가능했음을 주장한다. 이 정도면 두 사람의 지적인 대화나 교류가 얼마나 중요했는지 우리는 잘 알 수 있다.

여기서 한 가지 의문을 던져 보자. 여성이 남성보다 정말로 이성적이지 못해서 철학자나 사상가가 적은 것일까 아니면 사회가 여성으로 하여금 사회 참여를 허락하지 않아서 일까? 존도 같은 의문을 가졌던 것 같다. 존은 『자서전』 6장에서 당시 사회가 여성의 사회활동을 가로막았다며 처음부터 여성에게 훌륭한 능력을 적절히 발휘할 기회조차도 주지 않았다고 주장하고 있다. 이런 사회 구조 속에서 여성이 철학자나 사상가로 성장하는 것은 거의 불가능하다.

이런 사회적인 상황을 잘 알고 있던 해리엇은 마음속으로만 명상을 하고 명석하고 지성을 겸비한 몇몇 친구들과 친밀한 교류를 통해서 변화를 모색하고 있었다. 이런 해리엇에게 존의 출현은 남달랐다. 해리엇과의 만남은 존에게도 큰 영향을 주었지만, 해리엇에게도 큰 도움이 된 것은 분명하다. 지적 대화에 굶주린 두 사람은 그야말로 첫눈에 반하고 만 것이다. 존이 표현한 것처럼 테일러는 너무나 지적인 해리엇과 대화를 나눌 만한 지성미가 없었으며, 예술에도 취미가 없는 사람이었다. 해리엇은 몇몇 친구와 변화를 꾀하고 있었다. 이때 나타난 존은 이 변화를 바꿀 수 있는 사람이었다.

존은 지적 대화의 부족이 어머니와 아버지 사이에서 어떻게 작용했는지 실질적으로 경험하였다. 그리고 해리엇을 본 순간 남편 테일러와 어떤 일이 일어날지를 충분히 예상했을 것이다. 뿐만 아니라 해리엇은 아름다웠다고 했다. 존은 어머니에 대해서 어떤 글도 남기지 않아서 잘은 모르겠지만, 해리엇이 어머니만큼 아름답고 지적 대화까지 가능하다면 아버지가 놓친 가족의 정을 테일러의 가정에서 찾으려 했던 것은 아닐까? 존의 마음을 알 수는 없지만 사랑의 조건으로 지적 대화가 중요하다는 것을 우리는 존과 해리엇을 통해 알 수 있다.

○ 동등한 권리라는
사랑의 조건

남성과 여성은 동등하다는 페미니즘 사상이 18세기부터 유럽을 중심으로 일어난다. 오늘날 페미니즘 운동은 당시와는 많이 다르지만 전 세계적으로 확산되고 있다. 페미니즘을 대표하는 저서도 많지만 1869년에 출판된 존의 『여성의 종속 *The subjection of women*』도 그중 하나다. 이 책을 어떤 페미니즘 운동가는 이 분야에서는 최고로 권위 있는 책이라고 아주 높이 평가하기도 한다.

존의 말년은 그의 명성에 비해 조금은 암담하고 쓸쓸하다. 사랑했던 부인 해리엇이 먼저 죽고 하원의원에 당선되어 여성참정권을 주장했지만 의회의 해산으로 의원직을 상실하고 재선에 도전했지만 실패하고 만다. 존은 더 이상 조국 영국에서 희망을 찾지 못하고 해리엇이 묻혀 있는 프랑스 아비뇽에서 테일러의 세 번째 자식이며 훗날 영국의 페미니스트로 성장한 헬렌Helen Taylor, 1837-1907의 도움을 받으면서 많은 시간을 보내고 결국 부인 곁에 묻힌다.

존이 하원의원 출마를 결정한 다음 내세운 공약 중에 가장 눈에 띄는 것은 여성에게도 남성과 같은 선거권, 즉 참정권을 주자는 것이었다. 이런 공약으로 당선되었다는 것에 존 자신도 놀랐다. 그리고 자신의 공약을 실천하기 위해 노력하였다. 1868년 의회가 해산되고 다음해『여성의 종속』이 출판된다. 이런 측면에서 이 저서가 갖고 있는 의미를 우리는 쉽게 알 수 있다. 즉 남성과 여성은 동등하다는 것이다.

존은『여성의 종속』1장에서 인간 사회의 발전을 가로막는 가장 큰 장애물로 남성과 여성이 동등한 대우를 받지 못하는 것을 꼽았다. 문제는 이런 불평등이 정당하다고 믿는 사람이 너무 많다는 것이다. 예를 들어서 어떤 사람이 저지르지도 않는 죄에 대한 누명을 쓰면 어떻게 해야 할까? 스스로 나서서 자신이 결백하다는 것을 입증해야 할까? 존은 그렇게 보지 않는다. 존은 결백을 입증할 책임은 당사자에게 있지 않다고 주장한다. 죄가 있다고 혐의를 주장하는 사람이 죄에 대한 증거를 찾아야 한다고 설명한다.

존의 이 주장에서 우리는 존과 해리엇의 연애사건을 한번 생각해 보자. 당시 많은 사람은 존과 해리엇의 불륜에 대해서 입방아를 찧었다. 하지만 두 사람은 당시 여론이나 다른 사람의 생각에는 전혀 관심이 없었다. 바로 이것이 존의 생각인 것 같다. 즉 남에게 죄를 물으려면 묻는 사람이 증거를 갖고 오라는 것이다. 그것이 정당하다고 존은 보았다. 하지만 다른 사람의 생각은 어떨까? 반대일 것이다. 존과 해리엇이 정말 불륜이 아니라면 두 사람이 불륜이 아님을 증명하라는 것이다.

당시 사회가 그랬다. 남성은 당연히 자유를 향유하였으며, 자신의 권리를 최대한 활용하며 살았다. 그러나 여성은 달랐다. 남성은 여성에게 결코 자유도 권리도 주지 않았다. 그 이유는 제도에 있다. 사회는 어떤 제도를 만들 때 그 제도가 사회에 큰 이익을 주거나 최소한 과거에 그런 제도가 이익을 주었다고 믿는다. 영국에는 몇몇 여왕이 국가를 통치했다. 그리고 18세기 이후 영국은 여러 나라를 식민지로 두었다. 그리고 그 나라도 영국 여왕이 통치를 했다. 이때 영국 사람이나 식민지지역 사람은 여왕이 영국과 식민지를 통치하는 데 어떤 문제도 제기하지 않았다. 하지만 여성이 사회를 지배하겠다거나 권리를 주장하면 크게 반발한다.

교회도 한몫 거든다. 교회에서는 영국 사람이 어떻게 결혼해야 하며 누구랑 결혼해야 하는지에 대해서 아주 명쾌하게 제도를 마련해 두고 있다. 교회의 제도에 어긋나면 아무리 뜨거운 사랑을 나눈 사이라도 사랑을 포기해야 한다. 이런 경우 종종 극단적인 방법인 죽음으로 사랑과 이별하는 사람도 있다.

남성과 여성의 종속관계도 마찬가지다. 제도가 그렇게 만들었을 뿐이다. 여성은 노예처럼 한 가정을 지키고 남성은 자유와 권리를 주장하면서 사회활동을 한다. 그러면서 여성에게도 글을 가르치고 말을 가르친다. 학문을 배운 여성은 모든 일을 이성적 사고를 기반으로 행동한다. 이렇게 여성에게 이성적 활동을 시키면서 사회적으로 이성적인 활동을 하면 안 된다고 제도는 주장하고 있다. 얼마나 모순인가!

존이 주장하는 『여성의 종속』 1장을 한마디로 표현하면 이성적인 활동을 하는 여성의 자유와 권리를 제도라는 이름으로 묶어서는 안된다는 것이다. 아마도 존의 눈에 어머니 해리엇도, 애인 해리엇도 그렇게 묶여 있었던 것으로 보였던 것 같다. 어머니는 아버지라는 또 다른 제도가 가로막고 있었기 때문에 존도 어머니를 어떻게 할 수 없었지만, 애인 해리엇만은 이런 제도로부터 어떻게든지 구할 수 있다고 믿은 것 같다. 존의 행동이 무모한 것인지 용감한 것인지는 모르지만 분명한 것은 사랑도 동등한 관계에서 이루어진다는 것을 보여 주고 있는 것 같다.

O 사랑의 종속

인간의 본능 중 하나는 권력욕이다. 특히 이 권력욕은 여성보다 남성에게 많이 나타난다. 동서양을 막론하고 이 권력욕이 만들어 낸 제도가 계급이다. 계급제도는 인간의 권력욕의 상징이라 할 수 있다. 여성과 다르게 사회생활을 하는 남성은 계급제도에 얽매일 수밖에 없다. 계급사회에서 모든 남성이 높은 계급에 속할 수 없다. 누군가는 지배하고 누군가는 지배당한다. 이 지배구조는 사회에만 있는 것이 아니다. 존은 이 지배구조를 가정에 적용시키고 있다.

사회적으로 아무리 지위가 낮은 남자도 가정으로 돌아오면 폭군이 된다. 그 이유는 남자가 가정을 지배하기 때문이다. 그럼 가정에서 지배당하는 사람은 누굴까? 당연히 여성이다. 아니 아내라고 표현하는 것이 더 옳을 것이다. 존은 『여성의 종속』 2장에서 어떤 노예도 아내처럼 그렇게 길게, 그리고 그토록 힘들게 종살이를 하지는 않는다고 주장한다. 어떤 노예도 아내처럼 잠시도 쉬지 않고 일하지는 않는다. 일반적으로 노예는 정해진 일만 하면 바로 휴식을 취할 수 있다. 그러나 아내는 그렇지 않다.

더 심각한 것은 아내의 생사여탈권을 남편이 쥐고 있다는 것이다. 그 이유가 무엇일까? 존은 그 이유가 사랑 없이 결혼했기 때문이라고 주장한다. 당시 결혼은 사랑이 전제가 아니라 아버지의 권력이 전제였다. 특히 아버지의 독단으로 결혼한 딸은 노예로 전락하고 만다. 물론 평등과 박애를 강조하는 교회에서 결혼식은 이루어지지만, 결혼식장이나 사제 앞에서 '평생을 함께 하겠습니까'라는 질문에 '아니오'라고 대답하는 사람은 없다. 아무리 형식적이지만 그냥 모든 여성은 '예'라고 답한다. 이런 측면에서 '평생을 함께하겠습니까'라는 질문에 대한 남성과 여성의 해석은 다르다. 남성에게 이 질문은 '평생 군주로 살겠습니까'라는 질문으로 해석되고 여성에게는 '평생 노예로 살겠습니까'로 해석된다. 당연히 남성은 그 질문에 씩씩하고도 자신 있게 '예'라고 대답할 것이다. 사제나 주례가 던지는 이 질문이 이렇게 무서운 줄을 알고 있는 사람은 얼마나 될까!

이렇게 남편은 아내의 군주이자 재판관으로 모든 권력을 쥐게 되고 아내는 노예로 처참하게 전락하고 만다. 그렇다고 아내가 노예가 된 것도 아니고 남편이 군주가 된 것도 아니다. 존도 이런 문제를 논의하고자 하는 것이 아니라 제도를 문제 삼고자 하는 것이다. 눈에 보이지 않는 사회제도가 아내를 노예로 만들고 남편은 아내의 생사여탈권을 쥔 재판관이나 군주로 만든다는 것이다. 이렇게 보이지 않는 노예제도에 따라 가정에서 남편이 절대 권력을 휘두르듯이 국가는 절대군주가 절대적인 권한을 휘두른다. 문제는 이런 제도를 찬양하거나 옹호하는 세력이 항상 있다는 것이다.

이런 제도를 지지하는 사람은 항상 훌륭하고 좋은 측면만 강조한다. 예를 들어서 집안에서는 절대 권력을 휘두르는 남편이지만 밖에서는 항상 웃으면서 친절한 모습으로 이웃 주민을 대하면 사랑이 넘치는 가정의 가장이 되는 것이다. 마찬가지로 절대군주는 자상하고 인자한 모습으로 백성을 대하면 지혜로운 군주가 나라를 다스리는 것으로 착각한다. 그래서 백성은 기쁜 마음으로 절대군주의 절대적 권력을 아무런 반감 없이 받아들인다. 제도가 갖고 있는 모순이 바로 이런 것이다.

그렇다면 어떻게 하면 이런 모순된 제도를 바꾸거나 변화시킬 수 있을까? 존은 『여성의 종속』 2장에서 네 가지를 제시한다. 첫째는 남편과 아내 사이의 친밀감이다. 둘째는 자식에 대한 남편과 아내가 갖는 똑같은 이해관계이며, 셋째는 남편이 일상생활을 편하게 할 수 있는 이유가 아내에게 있다는 생각이다. 마지막으로 주변 사람의 영향을 받는 것이다. 주변 사람의 영향이란 권력자가 보여 주는 외적 모습을 그대로 가정에 적용하라는 것이다. 물론 모든 남성은 외적으로 다른 모습을 보인다. 즉 언행일치를 생활화하라는 것이다.

보수적인 나라 영국에서 페미니즘을 주장하고 유부녀와 공개적으로 연애를 하며, 여성에게 참정권을 주자고 주장했던 존 스튜어트 밀. 당시 영국사람 눈에는 존이 어떻게 보였을지 모르지만 오늘날 우리의 관점에서 보면 노예와 같은 삶을 살고 있던 아내에게 자유와 평등을 주려고 노력했다. 그의 말년의 삶으로 미루어 보아 결코 그의 이런 사상이 당시에는 성공적이라고 할 수는 없다. 하지만 지금은 어떤가! 존이 주장한 모든 것이 다 이루어졌다고 해도 과언이 아니다.

존은 어머니에 대해 한 줄의 글도 남기지 않았다. 어떤 철학자는 존도 아버지와 똑같이 어머니를 대했다고 한다. 하지만 애인이며 부인이었던 해리엇에게 보여 준 존의 생각이나 행동을 보면 그 반대라는 생각이 든다. 어머니의 삶이 너무 안타까웠기에 애인 해리엇을 통해 존은 부인 해리엇뿐 아니라 모든 아내라는 지위를 높이고자 페미니즘의 길을 가지는 않았을까 생각해 본다.

키르케고르의 사랑

매력적인 삶이 주는 도발적 사랑

○ 아버지의 죄가 남긴 사랑

덴마크의 겨울은 춥다. 특히 넓은 유틀란트 초원의 어린 양치기에게 겨울은 너무나 혹독하다. 덴마크의 국교는 개신교와 루터교 그리고 경건주의가 더해진 특이한 형태다. 특히 덴마크의 경건주의는 유틀란트 서부지역을 중심으로 발전하였기 때문에 이 소년에게 종교는 삶 이상의 의미를 갖고 있었다. 하지만 종교는 이상이고 삶은 현실이다. 추위는 이상만으로 극복할 수 없는 고통이고 괴로움이었다. 결국 이 소년은 더 이상 주어진 현실을 참지 못하고 자신이 그렇게 믿는 종교를 향해 욕하고 고향을 떠난다.

자신을 키워 준 고향과 자신이 의지한 종교를 버린 이 소년에게 어떤 행운이 따랐는지 모르지만 하는 일마다 잘 풀려 코펜하겐에서도 명성이 자자한 사업가로 성장한다. 이 사람이 바로 미카엘 키르케고

쇠얀 키르케고르

르Michael Pedersen Kierkegaard, 1756-1838이다.
미카엘은 이후 결혼하여 아들 딸 여섯을 낳고 잘 살고 있었다. 하지만 갑작스러운 부인의 죽음으로 집에서 일하던 하인과 성관계를 맺고 아들을 하나 더 얻었다. 이 아들이 바로 쇠얀Søren Aabye Kierkegaard, 1813-1855이다. 물론 미카엘은 쇠얀을 낳아 준 여인을 두 번째 부인으로 맞이한다. 하지만 너무나 종교적이었던 미카엘의 가슴속에는 항상 두 가지 죄가 남아 있었다. 어린 시절 자신이 믿었던 종교를 욕한 것과 결혼 전 성관계를 맺고 자식을 낳은 것이 바로 그것이다. 그래서 미카엘은 자식에게 지나칠 정도로 종교의 생활화를 강조하고 교육을 시킨다.

미카엘의 뜻에 따라 쇠얀은 17살에 코펜하겐 대학교 신학부에 입학한다. 대학의 낭만과 자유는 아버지로부터 받은 엄격한 종교교육을 한순간에 무너뜨리고 만다. 특히 4년 후 어머니Ane Sørensdatter Lund Kierkegaard, 1768-1834와 누나의 죽음은 쇠얀에게 큰 충격이었다. 이제 남은 것은 훗날 주교가 된 형Peter Christian Kierkegaard, 1805-1888과 자신뿐이었다. 어머니보다 먼저 세상을 떠난 두 형과 두 누나를 회상하면서 쇠얀은 자신을 돌아본다. 왜 아버지는 자신의 남매에게 지나칠 정도로 종교를 강조했으며, 왜 형과 누나는 어린 나이에 세상과 하직을 해야 했을까?

쇠얀의 답은 미카엘이 생각하기도 싫은 곳을 향하고 있었다. 쇠얀은 어머니와 남매의 죽음은 아버지가 저지른 죄에 대한 벌이고, 그 벌은 아직도 끝나지 않았다고 생각한다. 이렇게 쇠얀은 얼마 후 자신도 죽을 것이라는 확신을 갖는다. 이렇게 쇠얀은 대학의 낭만과 자유를 느끼면서 죽음에 대한 확신까지 갖는다. 한번 생각해 보자. 이런 사람이 다음에 해야 할 일은 무엇일까? 그렇다. 얼마나 살고 죽을지 모르는 쇠얀은 그냥 하고 싶은 대로 살고 싶었다. 그중에서도 육체적 쾌락에 빠졌다. 이런 쇠얀의 삶을 우리는 심미적 삶 혹은 심미적 사랑이라고 말한다.

낭만주의적 삶의 발생이 그러하듯 낭만주의 철학도 이상과 현실의 차이는 너무나 크다. 그런데 이 심미적 삶은 바로 낭만주의 철학의 영향을 받았다. 당연히 심미적 삶은 현실을 있는 그대로 받아들일 수가 없다. 쇠얀은 바로 이런 심미적 삶, 그것도 사랑에 빠졌다. 산업혁명의 발달로 기술자가 된 농민은 공장에서 열심히 일하고 받은 임금으로 전원주택을 짓고 현실세계로부터 동떨어진 삶을 희망했다. 어쩌면 이들은 현실세계와 무관심한 삶을 원하고 현실세계에 자신의 정열을 쏟는다는 것이 오히려 낭비라고 생각했을 것이다.

쇠얀의 심미적 사랑도 그랬다. 술집에서 술을 마시지만 바로 결제하면 큰 손해라도 본 것처럼 생각하여 외상을 진다. 육체적 사랑과 성적 욕망을 채우기 위해 사창가를 찾아 여자를 산다. 하지만 돈으로 산 여자이기 때문에 인격적인 대우를 할 필요가 없다. 하지만 사람과 사람이 함께 사는 곳이 사회다. 그래서 사람을 만난다. 그런데 그 사람이 싫다. 그럼 어떻게 하면 그 사람을 떨칠 수 있을까? 대화상대로 보지 않고 공격의 대상으로 만들면 된다. 이렇게 쇠얀은 주위 사람을 떠나 보냈다.

우리는 이 시기 쇠얀의 삶을 심미적 삶이라고 한다. 그리고 그가 이 시기에 나눈 사랑을 심미적 사랑이라고 한다. 술에 취하고 도박을 하며 여자의 육체를 탐하고 살았던 쇠얀. 그 이유는 단 하나밖에 없다. 바로 아버지의 죄에 따른 벌이 두려웠던 것이다. 그 벌이 자신에게 내려지기 전에 하고 싶은 것이 무엇이든 다 해보고 싶었던 것이다. 이렇게 쇠얀은 망가져 가고 있었다. 그의 사랑 역시 쾌락과 함께 추락하고 있었다.

○ 레기네와 함께한
진정한 사랑

쾌락의 끝이 어딘지 우리는 너무나 잘 안다. 심미적 사랑이든 삶이든 그것이 육체적 사랑을 원하고 쾌락을 원하는 한 그 끝도 마찬가지다. 대부분의 쾌락이 그러하듯이 특별한 계기가 없는 한 벗어나지 못하고 끝까지 추락하고 만다. 쇠얀에게는 다행히 육체적 쾌락에서 벗어날 수 있는 계기가 있었다. 그것은 레기네Regine Olsen, 1822-1904와의 만남이었다. 방향의 끝에서 혹은 쾌락의 나락에서 24살의 쇠얀은 당시 14살의 레기네를 만난다. 그런데 쾌락에 빠져 있던 쇠얀은 레기네를 만나면서 삶 자체가 달라진다.

쇠얀은 3년 후 레기네와 약혼하고 그다음 해 파혼한 다음 1843년 그의 주저 『이것이냐 저것이냐Enten-Eller, Entweder-Oder』를 출판한다. 『이것

이냐 저것이냐』 중 『유혹자의 일기

Forførerens Dagbog, Das Tagebuch des Verführers』

는 따로 출판될 정도로 그 인기가 높
다. 바로 이 『유혹자의 일기』에서 쇠
얀은 레기네와의 관계를 잘 설명하고
있다. 물론 쇠얀은 여기서도 다른 저
서와 마찬가지로 다른 사람의 이름을
사용하고 있지만, 특히 4월과 5월의
일기에서 쇠얀이 레기네를 사랑할 수

레기네 올젠
에밀 베렌센 作, 1840.

밖에 없는 이유에 대해서 너무나 상세하게 잘 설명하고 있다.

타원형 얼굴에 눈처럼 흰 치아, 빨간 뺨과 부푼 가슴, 그리고 작은
발은 암사슴을 연상시키는 너무나 매력적인 여인 레기네. 쇠얀은 레
기네를 본 순간 지난 날 쾌락에 빠져 살던 시기를 생각한다. 돈 주앙
처럼 환락에 빠져 성적 쾌락만 추구하던 시절 쇠얀은 항상 젊은 부인
을 원했다. 하지만 레기네를 본 순간 자신이 지금까지 원했던 여성은
젊은 부인이 아니라 젊은 처녀라는 것을 깨닫는다. 부인은 교태적이
지만 자연스럽지 못하다는 것, 그래서 부인과 성적 쾌락은 아름답지
도 못하지만 흥미로운 것도 아니라고 쇠얀은 서술하고 있다.

이렇게 젊은 부인과의 쾌락은 항상 자극적이기 때문에 그것으로 끝
이다. 더 이상 발전을 기대할 수 없는 젊은 부인과의 쾌락에서 쇠얀은
꿈같은 사랑이나 사랑의 첫 열매는 결코 기대할 수도 없었고 맛볼 수
도 없었다. 하지만 레기네를 본 순간 이 모든 것이 이루어질 것 같았

다. 『유혹자의 일기』 서문에서 쇠얀은 이미 다른 여자를 유혹한 경험이 있기 때문에 재능을 잘 발휘하면 레기네를 유혹할 수 있다고 믿는다. 하지만 쇠얀은 레기네를 유혹하기 전에 양심의 가책을 느낀다. 여성과 성에 대해 경험이 많은 남자가 어떤 사랑의 경험도 없는 여자를 유혹한다는 것이 결코 쉽지 않았던 것 같다.

여기서 우리는 사랑이라는 현실과 이상을 마주하게 된다. 모든 사람은 자신이 하고 싶어하는 사랑이 있다. 그리고 그런 사랑이 이루어지기를 원한다. 또 어떤 사람은 이미 참 많은 사랑을 나누었다. 하지만 그 사랑이 자신이 꿈꾸는 이상이 아니라면 그것은 사랑일까 아닐까? 쇠얀은 이미 많은 여성과 사랑을 하였고 성적 관계도 맺었다. 하지만 그것은 곧 죽을지도 모르는 한 남자가 현실을 도피하고 싶고 잊고 싶은 탈출구에 불과했다. 이렇게 맺은 남자와 여자의 관계나 성적 쾌락은 정말로 어떤 현실성도 없을 수가 있다. 그리고 그런 경험은 단지 환상이나 공상에 불과한 것이지 결코 경험이 아니라고 부정할 수도 있다.

하지만 지금까지 꿈꾸었던 사랑과 사랑에 대한 이상이 지금 눈앞에 나타나 있다면, 이것이야말로 바로 현실이다. 이것보다 더 현실적인 것이 어디 있겠는가! 출렁이는 바다만큼 가슴 뛰고 정열은 폭풍우처럼 자신을 괴롭히지만, 돈 주앙이 어떤 사람인가! 원하는 여자를 얻기 위해 흥분하면 안 된다. 모든 생각이 한 여성에게 향해 있고 머리는 온통 한 여성에 대한 사랑으로 가득 차 있지만 마음은 평정을 유지해야 한다. 그래야 원하는 여자를 품을 수 있다. 그것이 돈 주앙 아닌가!

레기네를 본 이후 쇠얀의 사랑은 젊은 부인에서 젊은 처녀로 바뀌었다. 하지만 쇠얀은 결코 젊은 처녀를 유혹하거나 원하지 않았다. 비록 이성을 잃고 신경과민에 걸릴 정도로 자신을 추스르지 못하지만 쇠얀에게는 여전히 레기네뿐이었다. 레기네를 만나기 전 쇠얀은 사교장에서 많은 여성을 유혹하고 밀약을 맺었다. 물론 이런 남자가 어디한둘이겠는가! 하지만 모두가 자신만의 방법으로 여성을 유혹한다. 이런 생활에 젖어 있던 쇠얀에게 레기네를 유혹하는 것은 결코 어려운 일이 아니다. 하지만 쇠얀은 지금까지 사용한 어떤 방법으로도 레기네를 유혹하거나 가까이하지 않았다.

쇠얀은 레기네의 사랑을 받기 위해 많은 시간이 필요할 것이라고 『유혹자의 일기』 4월 21일 일기에 적고 있다. 여기서 우리는 쇠얀의 다른 모습을 본다. 많은 사람은 이 시기를 쇠얀의 윤리적 삶이라고 말한다. 레기네와 함께한 쇠얀의 진정한 사랑을 우리는 여기서 찾아볼 수 있다.

○ 이것이냐, 저것이냐가 아닌
기다림의 사랑

레기네의 사랑을 받기 위해 왜 쇠얀은 시간이 필요했을까? 심미적인 사랑에서 쇠얀은 많은 여성을 유혹하거나 받았다. 유혹은 선택의 문제다. 이것이냐 저것이냐의 문제다. 이 여자를 유혹할까 아니면 저 여자를 유혹할까? 어떤 여자를 유혹해야 쾌락이 극대화될까? 심미적인 사랑에서 쾌락은 아주 중요한 요소다. 하지만 누구를 선택해도, 어떻게 선택해도 쾌락이 만족되는 순간 쾌락은 끝난다. 이렇게 쾌락은 만족과 동시에 끝나기 때문에 쾌락적인 사랑은 항상 실패로 끝난다.

윤리적인 사랑은 조금 다르다. 심미적 사랑처럼 이것이냐 저것이냐의 문제가 아니다. 그것은 선택의 문제가 아니라 구체적으로 존재 속에 참여하는 문제다. 그래서 시간이 필요하다. 쇠얀이 레기네를 만난 이후부터 그의 삶은 윤리적으로 바뀐다. 그 이유가 여기에 있다. 심미적 사랑도 윤리적 사랑처럼 선택을 하지 않을 수가 있다. 하지만 둘은 다르다. 심미적 사랑에서 선택을 하지 않는 것은 그냥 무관심이다. 하지만 윤리적 사랑에서 선택을 하지 않는 것은 상대를 배려하는 기다림이다. 상대가 어떻게 생각할지 모르기 때문에 끊임없이 기다린다. 어쩌면 상대에게 선택권을 주는 것과 같다. 분명한 것은 상대가 선택한다는 것이 전제가 되어 있다.

쇠얀은 이렇게 레기네를 선택하지 않고 기다리기 때문에 많은 시간이 필요하다고 판단하고, 『유혹자의 일기』 5월 5일자에서 '우연'이란 단어에 괜한 화풀이를 한다. 일반적으로 우연은 항상 나타난다. 그러나 기다리면 그 우연은 나타나지 않는다. 기다릴 때 나타나는 것은 우연이 아니라 필연이기 때문이다. 사랑을 해본 사람은 모두가 다 안다. 항상 나타나던 사랑하는 사람이 기다리면 나타나지 않는다는 것을. 나타나면 어떻게 하든 우연을 가장하거나 핑계로 필연으로 만들려고 말이다. 그리고 마음속으로 우연에게 부탁한다. 제발 어떤 식으로든 나타나 달라고. 그래도 나타나지 않으면 빌기도 한다. 제발 나타나 달라고. 시간이 지나도 나타나지 않으면 우연이란 것을 욕한다. 괘씸하다고 말이다. 마지막으로 사람은 우연이 사랑을 빼앗아 가는 아주 나쁜 것이라고 욕한다.

이렇게 쇠얀의 윤리적 사랑은 기다림 그 자체였다. 정말 사랑한다면 우연을 핑계로 찾아가거나 길목을 지킬 수도 있다. 그러나 쇠얀은 그렇게 하지 않았다. 이런 쇠얀의 행동에서 얼마나 레기네를 배려하고 고려했는지 우리는 느낄 수 있다. 사랑에서 배려란 정말 중요한 것이다. 사랑은 혼자 하는 것이 아니다. 심미적 사랑을 원하는 사람은 하룻밤의 쾌락이 가장 큰 목적이다. 그렇기 때문에 누군가를 선택하고 유혹한다. 선택받지 못하거나 유혹하지 못하면 쾌락에 목말라하면서 시간을 낭비한다. 그러나 윤리적 사랑은 그렇지 않다. 나 혼자 하는 사랑이 아니기 때문에 나만 선택하면 되는 것이 아니라 상대도 나를 선택해 주어야 한다. 물론 이때 선택은 강압에 의한 선택이 아니라 자유로운 선택이다. 우연을 핑계로 필연적인 만남을 마련할 수도 있다. 그것은 자연스러운 선택이 될 수 없다. 자연스러운 선택이 되려면 사랑하는 사람끼리 서로를 선택하여야 한다. 이때 선택이란 바로 자기 자신을 위한 것이다.

쇠얀은 레기네를 처음 본 후 한 달 정도 지나서 자신이 레기네를 사랑하고 있다고 고백한다.『유혹자의 일기』5월 16일자에서 쇠얀은 '사랑한다는 것은 참 아름다운 일이며, 사랑하고 있다는 것을 안다는 것은 참 흥미진진한 일'이라고 적고 있다. 쇠얀은 참 많은 시간이 지나서 누군가를 사랑한다는 것이 참 아름답다는 것을 알게 된다. 심미적 사랑도 사랑이다. 하지만 그런 사랑을 하면서 한 번도 아름답다고 생각하지 않았던 것 같다.

그리고 누군가를 사랑하고 있는 자신을 발견한다는 것은 스스로 생각해도 참 흥미진진할 수밖에 없다. 그것이 어떻게 진행되고 전개되는지 정말 궁금하다. 그리고 그 끝은 어떻게 될지도 정말 참기 어려울 정도로 궁금하다. 이것이 바로 윤리적 사랑이다. 심미적 사랑은 이런 흥미진진함이 없다. 성적인 쾌락은 어떻게 전개되고 또 어떻게 끝나는지 한번 경험한 사람은 다 안다. 그러나 윤리적 사랑은 다르다.

쇠얀은 이렇게 레기네를 만나서 처음으로 진정한 사랑을 알았고, 그런 사랑을 하고 있는 자신이 궁금하기 짝이 없다. 그렇기 때문에 사랑하는 사람을 놓치면 안 된다. 그 사람의 사랑을 받아야 전개가 흥미진진하고 아름다운 사랑으로 이어지기 때문이다. 쇠얀은 레기네를 만나면서 이것이냐 저것이냐하는 유혹적인 선택의 사랑이 아니라 기다림의 사랑을 알게 된다. 그래서 훗날 많은 사람은 이 두 사람의 사랑을 쇠얀의 철학보다 더 아름답게 그리고 있는지 모르겠다.

◉ '예'라는 사랑과
'아니오'라는 파혼

사랑이 아름답다는 것과 누군가를 사랑한다는 것이 흥미진진하다는 것을 안 쇠얀에게 이제 남은 것은 그 사랑을 손에 넣는 것이다. 레기네에게는 나중에 남편이 되지만 당시만 하여도 구혼자에 불과했던 슐레겔Johan Frederik Schlegel, 1817-1896이 있었다. 쇠얀은 『유혹자의 일기』에서 레기네와 약혼하기 위해서 오히려 이 구혼자를 이용하는 과정을 잘 설명하고 있다.

많은 사람, 특히 남자는 자신의 아내가 될 사람의 조건을 참 많이도 나열한다. 물론 이때 자신의 허물이나 단점은 전혀 생각하지 않는다. 쇠얀도 마찬가지로 가장 먼저 다른 남자를 많이 사귀지 않은 여자를 원한다. 대부분 사교적인 여성은 겉으로는 표현하지 않지만 마음속에 이미 자신이 원하는 남성상이 있기 때문이다. 두 번째는 누구보다 고독하고 다른 사람에게 의지하지 않는 여자다. 이런 여성은 다른 여자 친구가 없고 우아하기 때문이다. 세 번째는 약간은 자유를 억압당하면서 산 여성이다. 자유가 약간 구속된 여성은 누구보다 미적인 것이나 흥미로운 일에 노출되지 않기 때문에 순수함이나 순결을 간직하고 있다. 마지막으로 가정교육을 잘 받은 여자를 쇠얀은 원한다. 이런 여성은 세상의 쾌락이나 환락과 거리가 멀다. 그렇기 때문에 쾌락 끝에 찾아오는 권태나 염증을 느끼지 않고 싫증을 모른다.

쇠얀은 자신이 원하는 여성상의 모든 것을 레기네는 갖추고 있다고 믿었다. 아버지의 죄로 자신의 주변 사람에게 죽음이라는 벌이 내렸고, 자신도 그 벌을 받고 어떻게 될지 모른다는 자포자기한 삶을 살았던 쇠얀이다. 얼마나 많은 여성을 만나고 헤어졌겠는가. 그야말로 여자에 대해서 무엇 하나 모르는 것이 없었던 그다. 수많은 시행착오 끝에 겨우 사랑을 알고 사랑을 하고 있다는 자신을 알았다. 그런 그의 앞에 그가 정말로 원하는 여자가 나타났다. 가련하고 여린 포획물이 사나운 맹수 앞에 있다. 그것도 무방비 상태로. 무엇을 더 바라고 기다리겠는가.

하지만 쇠얀은 너무나 신중하다. 여기저기 미끼를 놓고 빈틈없이 덫을 설치한다. 그리고 기다린다. 정말 노련한 사냥꾼처럼 완벽한 때를 기다린다. 그리고 그 때가 찾아왔다. 『유혹자의 일기』 8월 2일 일기에서 쇠얀은 구혼자도 보호자도 없이 혼자 집에 있는 레기네를 찾아간다. 뜻하지 않는 시간에 찾아온 쇠얀을 보고 레기네는 놀란다. 하지만 이미 가련한 어린 짐승은 맹수가 놓은 덫에 걸리고 말았다. 모든 것은 한순간에 끝이 나고 만다. 모든 것을 얻은 맹수는 여유 있게 청혼한다.

쇠얀이 1840년 9월 8일 3년간의 연애 끝에 레기네에게 약혼을 청한다. 그리고 9월 10일 승낙을 얻는다. 쇠얀이 살던 시절 덴마크에서 약혼은 오늘날 결혼과 같은 힘을 갖고 있었다. 누군가가 주례가 필요하고 그 주례는 약혼자의 입에서 '예'와 '아니오'를 들은 다음 약혼을 인정한다. 『유혹자의 일기』 8월 2일 일기를 계속 읽으면, 숙모가 주례자가 되어 레기네에게 '예'와 '아니오'라는 답을 요구한다. 하지만 레기네는 그냥 숙모의 뜻에 따라 '예'만 외칠 뿐이다. 이렇게 두 사람은 약혼에 이르고, 쇠얀은 원했던 여성을 아내로 맞을 준비를 마쳤다.

다음 날 일기를 보면 다음 해 8월 레기네에게 약혼반지를 왜 돌려주었는지 우리는 충분히 알 수 있다. 쇠얀은 약혼에 대해서 다른 사람의 생각과 다름을 알 수 있다. 약혼은 결합된 것도 아니고 결합 안 된 것도 아닌 어중간한 상태라고 쇠얀은 보았다. 뿐만 아니라 머리끝까지 화가 난 슐레겔에게 레기네를 잘 설득해서 레기네가 먼저 파혼을 요구하면 쇠얀 자신은 그 파혼을 받아 주겠다고 말한다. 이것은 승리감에 도취된 상태에서 한 막말인지 자부심인지 잘 모르겠지만, 무려 3년이나 공들여 어렵게 얻은 약혼자를 코앞에 두고 이런 생각이나 말을 할 수 있는지 의심스럽다.

파혼을 염두에 둔 약혼. 여기서 쇠얀의 삶은 종교적인 삶으로 넘어간다고 한다. 윤리적인 삶과 종교적인 삶의 차이가 무엇일까? 이 둘은 같은 것이 아닐까? 윤리에는 규범이 있고, 종교에는 교리가 있다. 규범은 동서고금에 따라 변하고 사람에 따라 적용기준이 다르기 때문에 상대적이다. 그러나 종교는 그렇지 않다. 절대적이다. 인간은 약하고 불완전하지만 하나님은 강하고 완전하다. 그렇기 때문에 이 교리를 어기면 어떤 벌이 내려질지 모른다.

아버지로부터 절대적인 종교교육을 받고 자란 한 청년이 아버지뿐만 아니라 다른 사람까지 당황스럽게 행동했다. 그리고 남을 당황하게 한 만큼 자신도 그런 행동에 당황해 했다. 이것 또한 부정할 수 없는 현실이다. 쇠얀은 이런 현실을 심미적 사랑이라는 죄에 빠졌던 자신의 행동에 대한 벌이라고 믿는다. 아버지가 죄를 짓고 그 벌을 받았듯이 자신도 이 죄에 대한 벌을 받는다고 믿었다. 그런 그가 너무나 순결한 한 여자를 만나 약혼을 했다. 윤리적으로가 아니라 종교적으로 이겨 내기 어려웠다. 할 수 있는 것은 하나뿐. 파혼이다.

쇠얀은 이 모든 것이 당황스러울지 모르지만 우리는 여기서 그의 도발적인 삶과 사랑에서 무한한 매력을 찾기 때문에 끊임없이 그에게 매료되는 것이 아닐까!

니체의 사랑

철학과 예술로 승화시킨 육체적 사랑

○ 여성에게 채찍이 필요하다는
여성혐오주의자

대부분의 사람은 자신이 존경하는 사람이 있다. 니체Friedrich Wilhelm Nietzsche, 1844-1900의 아버지 칼Carl Ludwig Nietzsche, 1813-1849이 그랬다. 칼은 당시 프로이센의 왕이었던 프리드리히 빌헬름Friedrich Wilhelm, 1795-1861 4세를 너무 좋아했다. 아들 프리드리히가 태어난 날이 공교롭게도 왕의 49번째 생일날이었다. 자신이 너무나 좋아한 왕의 이름을 아들에게 주었다. 심지어 칼은 1848년 독일의 시민혁명이 일어나자 너무나 충격을 받아 몸져눕고 결국 다음 해에 어머니, 부인, 여동생 둘, 가정부, 아들 프리드리히와 요셉 그리고 딸 엘리자베트Therese Elisabeth Alexandra Nietzsche, 1846-1935를 세상에 남기고 먼저 죽고 만다.

프리드리히 니체

칼은 이 정도로 프리드리히 빌헬름 4세를 존경한 충직한 루터교의 목사였다. 칼은 이런 충직한 성격을 종교와 가정에도 적용시켰는데, 모든 식구가 충직한 신자로 살기를 바랐다. 칼은 아들 둘과 딸 하나를 두었다. 그러나 둘째 아들은 안타깝게도 칼이 죽고 다음 해 2살의 나이로 죽고 만다. 본인도 목사였지만 아버지도 장인어른도 목사였다. 프리드리히의 입장에서 보면 할머니와 어머니는 목사의 아내고, 고모와 엘리자베트는 목사의 딸이다. 그래서 일찍 남편과 아버지를 잃었지만 그들은 종교적으로 자유롭지 않았다.

프리드리히 니체는 이렇게 너무나 종교적인 여섯 명의 여자와 함께 자란다. 많은 철학자는 니체의 여자 문제만 나오면 이 문제를 거론한다. 사실 그렇다. 니체는 어릴 때부터 마치 수녀원처럼 너무나 조용한 집안에서 혼자 자랐다. 수녀원에서 사랑은 당연히 금기사항 중에 하나다. 니체도 그렇게 성장했다. 그는 수도사가 아니었지만, 수녀원에서 자랐기 때문에 당연히 그냥 수도사처럼 자랐다. 수도사로 자란 니체는 사랑도 수도사처럼 해야 한다. 니체가 성장한 집안에서 사랑은 금기사항이었을지 모르지만, 니체는 그렇지 못했다.

현재 지겐대학교Universität Siegen 독문과 교수인 마리오 라이스Mario Leis,

1963- 는『니체 주변의 여성*Frauen um Nietzsche*』1장 '니체를 둘러싼 여성'에서 니체가 21살 때 쾰른을 여행한 일화를 설명하고 있다. 니체는 고용한 여행 안내원에게 고급 레스토랑에서 맛있는 음식을 먹고 싶다고 부탁했다. 하지만 이 안내원은 정말 너무나 지저분한 사창가로 니체를 안내했다. 젊은 니체를 보자마자 여섯 명의 창녀가 동시에 니체를 둘러쌌다. 물론 이 위기를 니체는 피아노를 치면서 잘 넘겼다고 라이스는 서술하고 있다.

여기서 우리는 니체가 사창가를 갔다는 것에 관점을 두면 그의 삶에서 사랑이란 결코 금기사항이 아니었다는 것이다. 하지만 그는 창녀를 사지 않았고, 성적 욕구를 피아노를 통해 해결했다는 점에 관점을 두면 금기사항일 수도 있다. 그러나 왜 하필이면 여섯 명의 창녀였을까하는 의문을 우리는 여기서 버릴 수 없다. 니체는 여섯 명의 수녀와 같은 여자와 살았다. 혹 이런 지독한 잔상이 그의 머리를 스치면서 그 자리를 피한 것은 아닐까? 그리고 만약 지저분한 사창가가 아닌 깔끔하고 깨끗한 사창가를 안내원이 안내했으면 어떻게 되었을까?

물론 이 모든 것은 니체의 삶과 사랑을 지켜본 우리의 가정에 불과하다. 니체는 어릴 때 자란 것과 다르게 성인이 된 후에는 여러 명의 여성과 사랑을 나누었고, 실질적으로 염문도 뿌렸다. 그리고 라이스는 니체가 매춘의 합법화도 찬성하였다고 주장한다. 이런 여러 정황으로 봤을 때 사랑이나 성에 대한 니체의 생각은 자란 분위기와는 전혀 다른 입장을 취하고 있음을 우리는 쉽게 알 수 있다.

하지만 니체를 여성 혹은 사랑의 혐오주의자로 낙인찍은 한 문장을 우리는 여기서 논의하지 않을 수 없다. 『차라투스트라는 이렇게 말했다*Also sprach Zarsthustra*』1부 '늙은 여인과 젊은 여인에 관하여Von alten und jungen Weiblein'에 나오는 마지막 문장이 바로 그것이다. 즉 니체는 "너는 여성들에게 가니? 채찍die Peitsche을 갖고 가는 것을 잊지 마라!"라고 말한다. 우리 속담에 여자와 북어는 두드리라는 말이 있다. 니체는 두드리는 정도가 아니라 채찍을 갖고 가라고 명령하고 있다. 이 문장을 읽는 사람이면 누구나 니체는 여성혐오주의자라고 생각할 수 있다.

하지만 니체의 삶이나 사랑 혹은 여성을 볼 때, 결코 그가 여성혐오주의자는 아니었다. 단지 그는 어릴 때부터 몸에 익은 수도원 생활에 감정을 쉽게 표현하지 못할 뿐이었다. 니체와 함께 산 여섯 여자가 니체의 눈에는 어떻게 비쳤는지는 모르지만 사랑이나 성적인 문제에서 그들은 너무나 깨끗하게 보였을 것이다. 이를 보고 자란 니체 역시 금지된 사랑 속에서 숭고하고 고결한 사랑만 찾은 것이 아닐까 생각해 본다.

○ 가장 품위 있는 여성 코지마

니체의 여인 혹은 사랑을 논하면서 코지마를 뺄 수 없다. 코지마 리스트Cosima Francesca Gaetana Wagner, 1837-1930 는 유명한 작곡가 프란츠 리스트의 사생아다. 코지마는 스무 살에 바그너Wilhelm Richard Wagner, 1813-1883의 제자이며 유명한 바이올린 연주자이며 지휘자인 뷜로프Hans Guido von Bülow, 1830-1894 남작과 결혼한다. 뷜로프 남작은 바그너를 너무나 존경한 나머지 신혼여행까지도 바그너

바그너와 코지마
프리츠 루크하르트, 'Richard y Cosima
Wagner', 1872.

의 집에서 보낸다. 코지마에 대한 뷜로프의 사랑은 남달랐다. 하지만 코지마는 달랐다. 그리고 코지마는 남편에게서 얻지 못한 위안을 바그너에서 찾았다. 바그너 역시 유부남이었지만 코지마와의 사랑을 뿌리치지 않았다. 결국 두 명의 자녀를 둔 코지마는 27살의 나이에 바그너의 아기를 임신했다.

니체는 자란 배경처럼 순고하고 고결한 사랑을 원했다. 이런 니체가 코지마를 만난 것은 운명이었을까? 24살의 니체가 바그너를 처음 만나면서 31살의 코지마를 알게 된다. 여기서 우리는 서로 다른 철학사의 내용을 확인할 수 있다. 이미 유명해진 니체를 바그너가 더 원했다는 얘기와 반대로 니체가 바그너를 더 원했다는 설명이다. 21살 청년 니체는 잘못 찾은 사창가에서 창녀의 손길을 피하기 위해서 음악을 통해 자신을 달랬다. 그만큼 니체는 사랑이나 욕정을 음악으로 승화시킬 수 있는 능력을 가진 사람이다. 뿐만 아니라 바그너의 음악에 심취해 있던 니체가 바그너와 같은 거장을 만난다는 것은 지나칠 정도로 영광이다.

수녀원 아닌 수녀원에서 니체는 항상 고귀한 사람만 보고 자랐다. 그리고 그 속에서 고상하고 고귀한 사랑만 꿈꿨다. 이런 니체의 눈에 코지마와 바그너는 어떻게 비쳤을까? 남편과 부인이 있는 유부녀와 유부남이 간통을 하고 그것도 모자라 아기까지 낳은 사람으로 보였을까? 아니면 정신적으로 어려운 여자를 구해 준 용기 있는 남자, 그리고 남자에게 자신의 힘든 상황을 의지하고 위안을 찾고 있는 여자로 보였을까? 바로 이 점만 놓고 본다면 코지마나 바그너의 필요에 의해서 니체를 가까이 두었다는 설명도 가능하다. 그런데 문제는 니체의 생각이다. 우리도 잘 알듯이 니체는 코지마를 그의 저서『이 사람을 보라Ecco homo, Wie man wird, was man ist』1장 '나는 왜 이렇게 현명한가' 챕터 4에서 코지마를 '가장 품위 있는 성품die vornehmste Natur'을 가진 여성이라고 표현하고 있다. 이런 점을 놓고 설명한다면 코지마와 니체의 만남은 의문투성이다.

분명한 것은 그들 사이에 금이 가기 시작한 1876년까지 약 8년간의 이들 만남은 세기의 만남이라 해도 과언이 아니다. 의도야 어찌 되었든 코지마와 바그너는 니체와 교류하는 동안 최선을 다했고, 니체 또한 그들의 불륜이나 복잡한 사생활 문제를 전혀 생각하지 않고 즐겁게 만났다. 하지만 다음 해 이들은 파경을 맞는다.

니체의 주치의가 자신의 본분을 다하지 않고 환자의 비밀을 바그너에게 얘기하면서다. 바그너는 한술 더 떠 니체의 성적인 취향을 니체의 주치의에게 얘기해 주었다. 즉 니체는 하루도 빠지지 않고 수음을 한다거나, 여성보다 남성으로부터 성적 욕구를 느낀다는 식의 얘기를 바그너로부터 들은 니체의 주치의는 니체를 정신병자로 몰기에 충분했다. 바그너와 자신의 주치의가 나눈 이 얘기를 전해 들은 니체가 어떻게 행동했는지 우리는 너무나 잘 안다. 화가 하늘까지 뻗치고 뭐라 설명할 수 없는 분노를 느꼈을 것이다. 하지만 니체는 그들과의 관계를 5년 가까이 더 이어 간다. 이 사이 바그너는 더 유명한 작곡가로 자리 잡았지만, 니체도 그에 못지않은 유명한 철학자로 자리 잡았다. 이렇게 그들의 유명세 때문에 쉽게 끝낼 수 있는 관계가 되지 못했을 것이다.

뿐만 아니라 코지마는 평생 니체에게 가장 호감 가는 여성으로 여전히 남아 있다. 우리는 그 이유를 니체의 『디오니소스 송가*Dionysos-Dithyramben*』 중 '아리아드네의 탄식*Klage der Ariadne*'에서 찾아볼 수 있다. 니체는 신화 형식을 빌려 바그너를 제거하고 코지마를 정복하는 형식으로 이 시를 꾸몄다. 이 시를 다 읽을 필요는 없다. "누가 나를 따뜻하게 감싸 주며, 누가 아직도 나를 사랑하는가? 뜨거운 손을 다오! 마음의 석탄화로를 다오!"로 시작되는 첫 세 문장만 보면 금방 알 수 있다.

코지마와 니체 사이에 어떤 일이 일어났는지 우리는 모른다. 분명한 것은 코지마는 아기를 둔 유부녀로 유부남과 불륜을 저지르고 자식까지 낳고 결혼한 사이다. 두 사람의 관계를 불륜이나 성적인 관계로 몰고 가기에는 너무나 도덕적인 니체의 입장에서는 불가능하다. 니체는 어릴 때부터 수녀원 아닌 수녀원에서 지나칠 정도로 윤리적이고 도덕적인 교육을 받고 자란 것은 분명하다. 그 외에는 어떤 것도 분명한 것은 없다.

❍ 나의 사랑, 나의 영혼의 짝
살로메

니체는 많은 여성과 교제를 했지만, 오직 한 사람과 결혼을 생각한다. 우리가 잘 알고 있는 살로메Lou Andreas-Salomé, 1861-1937다. 페테르부르크에서 장군의 딸로 태어난 살로메는 17살부터 청혼에 시달릴 만큼 인기 있었다. 살로메는 특히 지혜롭고 총명하여 지도교수의 총애를 독차지했다. 가는 곳마다 인기를 누리며 여러 번 청혼을 거절한 살로메는 1882년 로마에서 문학동아리에 가입하였고, 그곳에서 철학자 파울 레Paul Rée, 1849-1901를 만난다. 파울은 살로메와 함께 동아리 활동을 하면서 그녀의 총명함에 놀라 니체와도 충분히 정신적 교류가 가능하다고 믿었다. 파울은 자신과 니체, 그리고 살로메가 정말 잘 어울리는 정신적 교류와 영혼의 짝이 될 것이라고 판단하고 바로 니체에게 그 사실을 알린다.

니체는 바그너와 관계가 소원해지면서 새로운 영혼의 짝을 찾고 있었다. 이런 니체에게 파울의 연락은 정말 기뻤다. 파울의 연락을 받은 니체는 파울의 판단과 다르게 살로메와 결혼을 꿈꾼다. 1882년 세 사람은 드디어 로마에서 만난다. 기다렸다는 듯이 니체는 살로메에게 청

혼하였지만, 이미 파울이 청혼한 사
실에 대해서는 전혀 알지 못하고 있
었다. 살로메는 다른 남자에게 한 것
처럼 니체의 청혼을 정중하게 거절한
다. 물론 파울에게도 마찬가지였다.

지금까지 살로메가 원하고 바랐
던 것은 정신적이며 학문적인 교류
였다. 페테르스부르크에서도 그렇고
로마에서도 그렇다. 살로메는 많은
남성과 학문만 논한 것이 아니라 낭

루 살로메

만적인 만남도 나누었지만, 그 어떤 남성과의 육체적이거나 성적인 결
합에는 관심이 없었다. 이렇게 그녀를 본 많은 남자는 살로메와 결혼
하고 싶어 했다. 니체도 다른 남자처럼 청혼했고, 또 거절당했다. 니체
는 수녀원과 같은 곳에서 고귀하고 순수한 사랑만 꿈꾸며 살았다. 청
혼의 거절에 대해서 상심할 필요도 없고 낙담할 필요도 없다. 그리고
니체가 원하는 것은 정신과 영혼을 함께 나눌 수 있는 학문적 짝이다.
살로메가 바로 그런 사람이다. 니체는 사랑이나 육체적 욕심에 얽매일
필요가 없기 때문에 금방 포기한다. 처음의 생각으로 다시 돌아가 파
울, 살로메와 함께 세 사람의 정신적 관계를 유지하기 위해 노력한다.

살로메는 니체와 파울의 청혼을 모두 거절한다. 그리고 두 사람은
아무 일 없었다는 듯이 함께 어울린다. 바로 여기서 우리는 이들 세
사람의 정신적이며 영혼적인 결합을 인정해야 한다. 살로메는 페테르

왼쪽부터 루 살로메와 파울 레,
니체

부르크에서도 청혼을 받은 적이 있다. 17살의 살로메는 이때도 청혼을 거절하고 어머니와 함께 취리히로 자리를 옮겨 헤겔철학을 전공한다. 여기서 우리는 살로메의 생각을 한번 정도 들여다볼 필요가 있다. 그녀가 원하는 것은 무엇일까? 정신적 결합일까 아니면 사랑일까? 니체와 파울 모두 청혼을 거절당했지만, 살로메와 파울의 관계는 니체가 생각하는 것보다 훨씬 깊고 오래 지속되었다.

살로메는 둘의 사랑을 모두 거절했다. 그리고 두 사람과 정신적 결합은 여전히 원하고 있었다. 니체는 비록 청혼을 거절당했지만 살로메를 만나야 할 핑계가 필요했다. 하지만 쉽지 않았다. 니체는 절망에 빠졌고 점점 인내심을 잃어 갔다. 그렇지 않아도 정신적으로 문제가 있던 니체는 자신을 방어할 수 있는 능력을 상실했고, 스스로 당혹감을 참지 못했다. 하지만 니체는 이런 상황을 이겨 내야만 했다. 최소한 세 사람이 정신적 결합으로 이어져 있어야만 살로메를 볼 수라도 있기 때문이다. 니체는 항상 세 사람이 만날 수 있는 계획을 세웠다. 하지만 이들의 만남은 쉽게 이루어지지 않았다.

결국 니체의 여동생 엘리자베트가 나섰다. 엘리자베트는 살로메를 그렇게 좋아하지 않았다. 어찌 되었든 엘리자베트의 도움으로 니체와 살로메는 만난다. 살로메는 니체를 철학의 스승으로 생각한 것 같다. 그러나 니체는 한번 거절된 청혼이 이루어질지도 모른다는 생각을 한 것 같다. 그러니 이 두 사람의 만남은 끝이 이미 예정되어 있었다. 그랬다. 1882년 8월의 짧은 두 사람의 만남은 마지막 만남이었다.

니체는 세칭 수녀원에서 자랐다. 그리고 니체는 순수하고 고귀한 사랑을 항상 꿈꿨다. 우리는 여기서 니체가 바라는 어떤 사랑이 있음을 짐작할 수 있다. 맑고 순수한 정신적 사랑이 그것이다. 그리고 그 사랑을 살로메에서 찾은 것 같다. 그래서 청혼을 했다. 그런데 거절당했다. 살로메는 니체가 원하는 사랑을 원하지 않았던 것 같다. 다행히 니체는 사랑의 홍역을 빠르게 치유할 수 있는 능력을 갖고 있었다.

○ 나의 누이 엘리자베트

니체의 어머니 프란치스카Franziska Nietzsche, 1826-1897는 남편과 아들을 잃고 남은 남매를 어떻게 키우는 것이 가장 좋을까를 고민한다. 첫 번째가 바로 교육이라고 생각한 어머니는 고향 뢰켄Röcken에서 조금 더 큰 도시 나움부르크Naumburg로 옮긴다. 어릴 때부터 종교적으로 엄한 집안에서 자랐고 아버지까지 없는 어머니의 입장에서는 니체 남매를 키움에 있어 더 엄격한 규율을 적용하는 것은 당연하다. 이 집안에서 두 남매의 소란이나 지나친 장난이 어린이는 다 그렇다는 말로 통하지 않았다.

목사 집안에서 엄격하고 좋은 교육을 받은 어머니는 니체 남매에게도 좋은 선생님이었다. 교육과정이나 교재는 항상 어머니 손에 의해서 정해졌고 가르쳐졌다. 이런 어머니의 교육은 두 남매에게 특히 상상력을 키우는 데 큰 도움이 되었다. 니체 또한 동생의 숙제를 봐 주는 등 어머니와 함께 동생의 교육을 위해 많은 시간을 아끼지 않았다. 둘은 같은 운명의 공동체로 크기에 충분했다. 하지만 성장하면서 니체는 천재성을 발휘하였고, 동생 엘리자베트는 그렇지 못했다.

어머니의 바람과 달리 엘리자베트는 스스로 오빠의 조언자 혹은 후원자가 되기로 결심한다. 지적으로 오빠보다 부족하다는 것을 일찍 안 엘리자베트는 자신의 도움 없이는 오빠의 천재성이 나타날 수 없다고 믿고 오빠 곁에 머물면서 돕기를 원했다. 그러나 어머니는 엘리자베트가 현모양처가 되기를 바랐다. 어머니가 원했던 남자가 자신의 딸이 아닌 다른 여자와 약혼하고, 엘리자베트가 결혼적령기가 지나면서 어머니는 초조해졌고 결국 단식이라는 협박을 딸에게 하였다. 엘리자베트는 어머니의 협박이나 공갈에 전혀 흔들리지 않고 오빠를 지켰다.

가정 교육과 학교 교육을 잘 받은 엘리자베트는 오빠와 함께 생활하면서 코지마를 알게 된다. 코지마는 엘리자베트에게 당시 사교계에 필요한 자세와 행동을 잘 가르쳤다. 어릴 때부터 어머니의 말씀을 잘 듣고 자란 엘리자베트는 완벽한 사교계의 숙녀로 성장하였다. 뿐만 아니라 니체가 바젤대학교 교수로 재직하는 동안 멋있고 유명한 교수의 비서로서 그 명성을 함께 날렸다.

엘리자베트는 오빠와 함께 생활하면서 니체의 사상에도 깊이 빠져들었다. 특히 니체의 초인사상에 심취한다. 이때 스스로 초인을 자처하는 한 사람을 만난다. 그가 바로 그녀의 남편인 푀르스터Bernhard Förster, 1843-1889다. 역시 목사의 아들로 태어난 푀르스터는 김나지움에서 교사 일을 하면서 위대한 독일민족의 새로운 역사를 꿈꾸고 있었다. 니체의 초인사상에 심취해 있던 엘리자베트는 푀르스터와 결혼하고 그 뜻을 실현하기 위해서 그들의 지지자와 함께 파라과이로 이주한다.

니체 덕분에 바그너 가족과 함께 당시 귀족을 만나고 사교계에 눈을 뜬 엘리자베트로서는 파라과이 생활이 그렇게 쉽지 않았을 것이다. 설상가상으로 남편마저 자신의 뜻이 이루어질 수 없다는 사실을 직감하고 자살로 생을 마감하고 만다. 다음해 1890년 결국 엘리자베트가 다시 돌아올 곳은 오빠 옆뿐이었다. 엘리자베트의 귀국을 가장 반긴 것은 어머니와 니체다. 그러나 엘리자베트는 그렇지 못했다. 이미 엘리자베트는 다른 세계를 경험하였다. 그곳에서 삶이 실패로 끝났다고 해서 그의 생각이 끝난 것은 아니다. 결국 다시 파라과이로 향했지만 1893년 영구 귀국하여 오빠 옆에 머문다. 이후 그녀는 어떤 삶을 살았는지 우리는 잘 안다.

바로 여성해방운동을 중심으로 한 사회주의 활동이다. 엘리자베트는 히틀러가 원했던 여성상으로 성장한다. 니체는 이런 엘리자베트가 마음에 들지 않았다. 그러나 어머니마저 세상을 떠나고 육체적으로나 정신적으로나 건강이 최악에 이른 니체에게는 다른 방법이 없었다. 어떻게든 엘리자베트가 곁에 있어 주면 그것으로 고마울 뿐이었다.

니체는 이렇게 생의 마지막 3년을 엘리자베트와 함께 보낸다. 니체와 엘리자베트는 어릴 때부터 너무나 조용한 집안에서 자랐다. 어린아이가 살 집이 아닐 정도로 적막했다. 그곳에서 사랑은 꿈도 못 꾸었다. 하지만 어린 남매는 그곳에서 사랑을 나누는 법을 스스로 터득한다. 서로에게 서로가 없으면 안 된다는 것, 이것이 금지된 장소에서 정신과 영혼을 잇는 고결한 사랑이다. 그리고 이 사랑 법은 니체가 생을 마감할 때까지 모든 여성에게 나누었던 사랑이다. 엘리자베트도 예외는 아니다. 엘리자베트가 없었다면 니체는 수많은 저서를 남기지도 못했을 뿐 아니라 남겼다고 해도 그냥 묻혔을 것이다. 엘리자베트와 니체의 정신과 영혼이 이어 준 사랑의 끈을 우리는 여기서 찾는다.

니체는 정신적이고 영혼적 사랑을 위해 쉽게 육체적 사랑을 버릴 줄 알았고, 그의 글 속에 나타난 것처럼 여성혐오주의자도 아니었다. 오히려 니체는 육체적 사랑을 예술이나 철학으로 승화시킬 줄 알았다. 우리는 니체의 위대한 사랑을 바로 여기서 찾는다.

참고문헌

니체, 프리드리히, 정영도 옮김, 『니체가 사랑한 여성들』, 한국문화사, 2015.

라우리, 월터, 임춘갑 옮김, 『키르케고르 생애와 사상』, 종로서적, 1995.

르 블랑, 샤를, 이창실 옮김, 『키에르케고르』, 동문선, 2004.

밀, 존 스튜어트, 박홍규 옮김, 『자유론』, 문예출판사, 2009.

밀, 존 스튜어트, 배영원 옮김, 『존 스튜어트 밀 자서전』, 범우사, 1998.

밀, 존 스튜어트, 서병훈 옮김, 『여성의 종속』, 책세상, 2006.

불핀치, 토머스, 박경미 옮김, 『그리스 로마 신화』, 혜원출판사, 2011.

소포클레스, 이미경 옮김, 『오이디푸스 왕 안티고네 엘렉트라』, 심야책방, 2016.

쇼펜하우어, 아르투르, 최민홍 옮김, 『쇼펜하우어 인생론』, 집문당, 1994.

쇼펜하우어, 아르투르, 최현 옮김, 『쇼펜하우어 인생론』, 범우사, 1981.

스탕달, 권지현 옮김, 『새롭게 쓰는 연애론』, 삼성출판사, 2007.

스탕달, 조종순 옮김, 『스탕달의 아무르 연애론』, 해누리, 2014.

아리스토파네스, 천병희 옮김, 『구름, 아리스토파네스 희극 전집. 1』, 숲, 2013.

아리스토파네스, 천병희 옮김, 『뤼시스트라테, 아리스토파네스 희극 전집 2』, 숲,
    2013.

아벨라르, 엘로이즈, 정봉구 옮김, 『아벨라르와 엘로이즈』, 을유문화사, 2015.

아우구스티누스, 박일민 옮김, 『결혼론』, 야훼의말씀, 2010.

아우구스티누스, 최민순 옮김, 『고백록』, 성바오로딸수도회, 2010.

얄롬, 어빈, 임옥희 옮김, 『니체가 눈물을 흘릴 때』, 필로소픽, 2014.

오비디우스, 천병희 옮김, 『원전으로 읽는 변신이야기』, 숲, 2005.

일연, 이민수 옮김, 『삼국유사』, 을유문화사, 2013.

정영도, 『니체의 사랑과 철학』, 서문당, 2006.

칸트, 임마누엘, 이재준 옮김, 『아름다움과 숭고함의 감정에 관한 고찰』, 책세상, 2016.

크세노폰, 최혁순 옮김, 『소크라테스의 회상』, 범우, 2015.

키르케고르, 쇠얀, 임춘갑 옮김, 『이것이냐 저것이냐』, 다산글방, 2008.

토머스, 윌리엄, 허남결 옮김, 『존 스튜어트 밀 생애와 사상』, 서광사, 1997.

포르랜더, 카를, 서정욱 옮김, 『칸트의 생애와 사상』, 서광사, 2016.

프로이트, 지그문트, 김성환 옮김, 『모나리자를 사랑한 프로이트』, 새로운현재, 2014.

플라톤, 강철웅 옮김, 『향연』, 이제이북스, 2014.

플라톤, 이정호 옮김, 『메넥세노스』, 이제이북스, 2011.

플라톤, 전헌상 옮김, 『파이돈』, 이제이북스, 2013.

플라톤, 천병희 옮김, 『소크라테스의 변론 크리톤 파이돈 향연』, 숲, 2012.

플루타르코스, 이성규 옮김, 『플루타르코스 영웅전 전집, 상, 하』, 현대지성, 2016.

헤시오도스, 천병희 옮김, 『신통기』, 한길사, 2004.

호르스트, 에버하르트, 모명숙 옮김, 『중세 최대의 연애사건』, 생각의나무, 2005.

호메로스, 이상훈 옮김, 『일리아스』, 동서문화사, 2016.

Diogenes Laertius, Apelt 옮김, *Leben und Meinungen berümter Philosophen*, Felis Meiner Verlag, 1990.

Freud, Sigmund, *Eine Kindheitserinnerung des Leonardo da Vinci*, S. Fischer Verlag, 1978.

Kant, Immanuel, *Beobachtungen über das Gefühl des Schönen und Erhabenen*, Suhrkamp Taschenbuch, 1981.

Platon, Schleiermacher 옮김, *Menexenos*, Insel Taschenbuch, 1991.

Platon, Schleiermacher 옮김, *Symposion*, Insel Taschenbuch, 1991.

Reis, Mario, *Frauen um Nietzsche*, Rowohlt Taschenbuch Verlag, 2000.

Schopenhauer, Arthur, *Metaphysik der Geschlechtsliebe*, Suhrkamp, 1986.

Schopenhauer, Arthur, *Über die Beiber*, Suhrkamp, 1986.

Vorländer, Karl, *Kants Leben*, Felix Meiner Verlag, 1986.